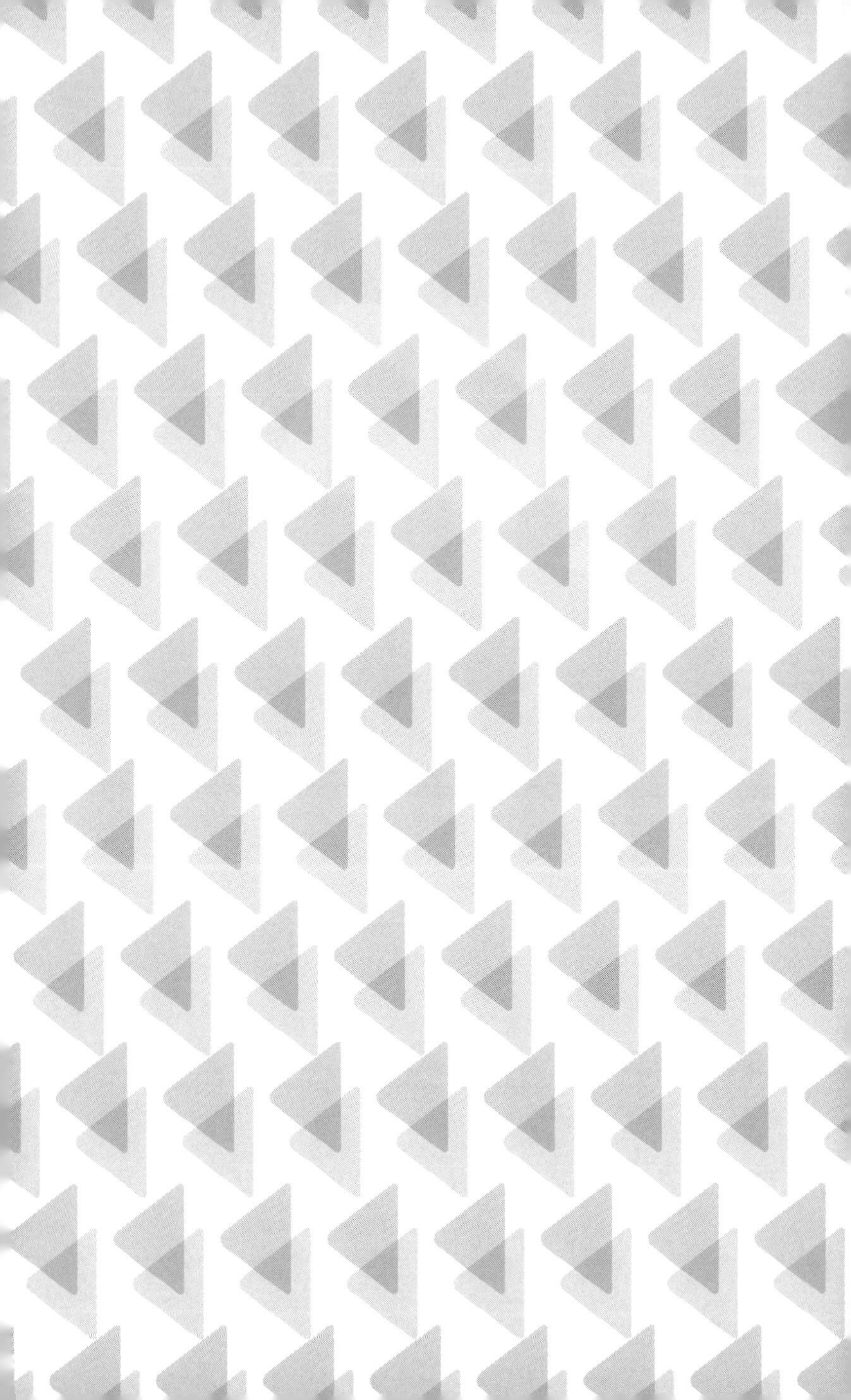

「なまけもの」のやる気スイッチ

99%が知らない「行動」を科学する

心理学者
内藤誼人
NAITOH YOSHIHITO

SOGO HOREI PUBLISHING CO., LTD

生まれつき、「なまけもの」の人などいません。
いつも「めんどくさい」と思ってしまうのは、
本人の生来の性格や資質とは
まったく関係ありません。

「私は本当にやる気のない人間なんですけど……」
と思う人もいるでしょうが、
そういう人はやる気がないのではなく、
ただ〝やる気の出し方〟を知らないだけなのです。

まえがき

「なんだかいつでもダラダラしがち……」

「仕事をしなきゃと思うのに、気づくとスマホを見ている……」

「やらなきゃいけないことを、いつまでも先延しにしてしまう……」


もしそのような自覚症状があるのなら、ぜひ本書をお読みください。

本書をお読みいただければ、どんな「なまけもの」でずぼらな人でもやる気にあふれて、行動的な人間に生まれ変わることができるからです。


生まれつき、意欲のない人間などいません。

いつも「めんどくさい」と思って後回しにしてしまったり、ダラダラしてしまう人は、やる気の出し方を知らないだけなのです。


どうすればやる気が出て、スピーディーに行動ができるようになるのかやり方さえ学んでしまえば、いつでも、どこでも、だれでもやる気は出るようになります。行動的な人間に生まれ変わるのは、実をいうと、そんなに難しいことではないのです。99パーセントの人はその真実を知りません。

本書は、「理論のようなものはもうどうでもいいから、やる気の出し方だけを具体的に教えてほしい」という読者のために執筆しました。みなさんが知りたいのは、理論ではなくて、実践に役立つテクニックだろうと思ったからです。

本書では、だれでも今すぐに実践できるようなアドバイスをしていきます。しかも、そのアドバイスはすべて専門雑誌に発表されている科学的な論文に基づくもので、その効果は検証されているものばかりです。どなたにでも安心して試していただくことができるでしょう。

本書には、目からウロコのアドバイスがたくさん詰まっています。半信半疑の読者もいらっしゃると思いますので、いくつか箇条書きでご紹介しましょう。

●死ぬほどお腹を空かせなさい。お腹が空くと目がギラギラしてきて、何事に対しても貪欲になれます。

●部屋の照明を操作できるのなら、マックスの明るさにしなさい。部屋が明るければ、やる気も出ます。薄暗い部屋はやる気も出ません。

●作業に取りかかる前に、「チーター」「ピューマ」「グレイハウンド」（猟犬）について1分間考えなさい。作業スピードがアップします。

●余った紙にいたずら書きをしなさい。手を動かしていると、頭も回転し始めます。

どうでしょう。だれにでもすぐに実践できそうだと思いませんか。

くり返しますが、読者のみなさんにやる気がないとしても、それはやる気の出し方を知らないだけであって、今日からはそんなことはなくなります。

どうぞ最後までよろしくお付き合いください。

本書の効果

めんどくさがりでも
すぐに動ける

「なまけもの」でも
先延ばしがなくなる

行動を習慣化
できるようになる

3日坊主がなくなる

いつでも心に火を
つけることができる

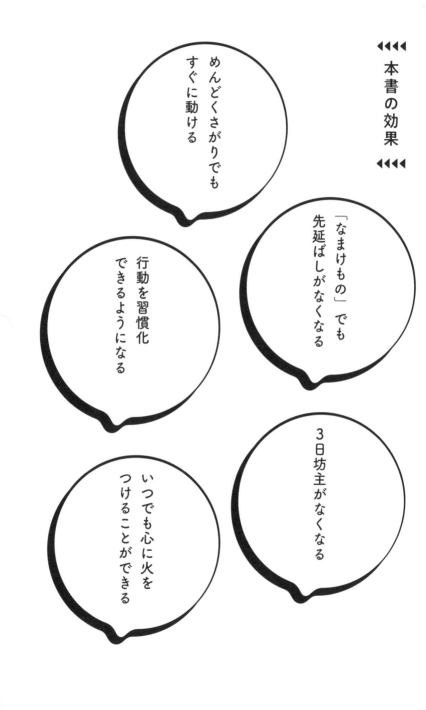

意思に関係なく
やる気が出る

子どもをやる気に
させる方法がわかる

科学的に裏付けがある
のでだれでもできる

社員にやる気を
出させることができる

考えすぎて
動けないがなくなる

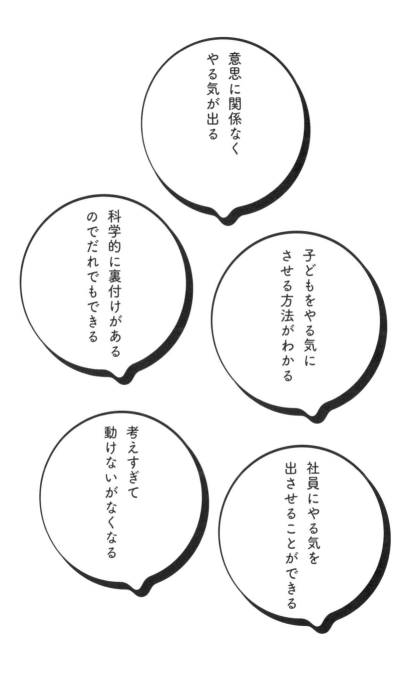

目次

第1章 すぐにやる気を出すための心理学

第2章
おかしな思い込みが、行動を妨害する

第3章

行動力がない人のための心理学

第4章

勉強がやる気になる実践テクニック

第5章

行動できない人のための心理学

第6章 仕事に前向きになれる心理学

第7章 だれでもできるやる気の高め方

DTP：横内俊彦
本文デザイン＆装丁：木村勉
校正：髙橋昌宏

第1章

すぐにやる気を出すための心理学

お腹を空かせてみる

現代の日本人は100年前の日本人には想像できないほどに豊かになりました。ほしいものはたいてい手に入りますし、食べ物に困るということはほとんどありません。何しろ、ホームレスの人でも糖尿病になるというお話を聞いたことがあるくらいです。

飢えずにすむというのは、まことに喜ばしいことではあるものの、困った側面がないわけではありません。

私たちは、お腹がいっぱいだとやる気が出ないのです。お腹が満たされていると、もうどうでもよくなって、何もする気にならないのです。

動物は、お腹が空いてくるとエサを得るために行動しますが、お腹が満たされていると基本的に何もしません。動物園の動物がそうです。ずっと寝そべってダラダラしているだけです。人間も同じで、お腹がいっぱいだと動こうという気持ちにならないのです。

というわけで、貪欲に何かを求める気持ちを高めたいのであれば、あえてお腹を空かせ

表① お腹が空いていると、食べ物以外のものまでほしくなる

	お腹が空いている	お腹がいっぱい
食べ物	6.62	5.50
食べ物以外	6.34	5.42

＊数値は高いほど好ましく評価されたことを示す。

（出典：Xu, A. J., et al., 2015より）

てみる、という作戦が有効です。お腹が空くと、目がギラギラしてきて、食べ物がほしくなるのは当然として、食べ物以外についての欲求も高まってくるのです。

アメリカにあるミネソタ大学のアリソン・シューは、大学の食堂にこれから入ろうとする人（つまりお腹を空かせている状態の人）と、食堂の中から出ていこうとする人（つまりお腹がいっぱいの状態の人）を呼び止めて、さまざまな商品についての好ましさを評価してもらいました。

なお、評価するものは5つが食べ物（サンドイッチ、パスタ、クッキーなど）、5つは食べ物以外（USBフラッシュドライブ、ワイヤレス・マウス、温泉旅行など）でした。

お腹が空いている人たちと、お腹がいっぱいの人たちの評価の平均値は上の表①のようになりました。

お腹が空いていると、食べ物を高く評価するのはわかりますが、食べ物以外のものまでほしくなっていることがよくわかります。

お腹がいっぱいだと、私たちは幸せな気持ちになりすぎて、「もう何もほしくない」という気持ちになります。そういう状態は、行動をするのに適当ではありません。

スポーツの世界や格闘技の世界では「ハングリー精神」という言葉がありますが、多少は、お腹を空かせている状態のほうが、私たちは何事に対しても欲求が高くなりますので、やる気が出ないのなら、あえて食事を抜くのも悪くない作戦です。

1回くらい食事を抜いても、死んでしまうことはありませんので、本気の力を出したいときには、健康的に問題がないのであれば、あえて食事を抜いてみるのはいかがでしょうか。お腹が空くのは苦しいことではあるものの、代わりにモチベーションがアップするというメリットが享受《きょうじゅ》できます。

ポイント

**私たちはお腹がいっぱいだとやる気が出ない
本気の力を出したいときはあえて食事を抜いてみる**

とりあえず立ち上がる

「どうもやる気が出ない」とか、「動くのが億劫《おっくう》だと感じる」のなら、まずはその場で立ち上がってみてください。

立ち上がるくらいなら、簡単にできます。

そして、とりあえず立ち上がると、私たちは行動できるようになるのです。ソファに寝そべっていたり、椅子に座っていたりしていると、心がリラックスしすぎてしまい、やる気も生まれないのです。

ところが、**立ち上がってみると、身体を動かす準備状態に入ります。そういう心理モードにスイッチが切り替わるのです。そのため、立ち上がるだけでやる気も出てくるのです。**

会議というものは、いつまでもダラダラと続くのが普通ですが、立ったままでやるようにすると、会議も盛り上がりますし、決定もスピーディーにできるはずです。

アメリカにあるワシントン大学のアンドリュー・ナイトは、214人の大学生に3人から5人ずつのグループになってもらい、「どうすればうちの大学の入学希望者を増やせるか?」というテーマで話し合いをしてもらいました。

ただし、グループは2つあり、座ったままで話し合いをするグループと、立ったままで話し合いをするグループを設《もう》けました。

話し合いの場面をビデオ撮影しておいたものを後で分析してみると、立ったまま話し合いをするグループのほうが、話し合いが盛り上がり、ユニークなアイデアがたくさん出されていることがわかりました。

椅子に座っているほうがラクな姿勢ではあるものの、それではやる気は出ませんし、会議も盛り上がらないのです。立ったままのほうが参加者はみなエネルギッシュになってくれます。

くつろいだ姿勢だと、決定までの時間もかかります。

アメリカにあるミズーリ大学のアレン・ブルードーンは、立ったままでグループに意思決定をしてもらうと589・04秒で決断ができたのに、座って意思決定してもらうと決断までに788・04秒もかかるという実験報告をしています。

行動的になりたいのなら、とにかく立ってみてください。

何も考えずに、とりあえず立ち上がってみるのです。すると、不思議なくらいやる気が湧いてくるでしょう。すべての作業がどんどんこなせるはずです。

普通の会社に置かれている事務机で作業をすると仕事の能率が悪いと感じるのなら、スタンディングデスクにしてみるのはどうでしょう。椅子に座らずに立ったまま仕事をするほうが、能率もアップすると思うのですが、どうでしょうか。

ポイント

やる気が出ないときはとにかく立ち上がってみる
仕事の能率が悪いときはスタンディングデスクで作業してみる

おかしな空想をしていると、行動力が奪われてしまう

読者のみなさんは、「守株待兎《しゅしゅたいと》」という言葉をご存じでしょうか。

たまたま切り株で転んだ兎《うさぎ》を捕まえることができた人は、それからずっと切り株のそばで兎が来るのを待ち続けた、という逸話に由来する言葉です。一般には愚か者がすることを意味します。

自分の人生というものは、自分で切り開いていかなければなりません。

たまたま幸運なことが起きたからといって、それがいつまでも続くわけがないのです。

自分で行動するからこそ、道が開けていくというものです。

女性は男性に比べると、あまり行動力がない傾向にあります。自分から率先して何かをしようという気持ちが男性よりも弱いようです。

なぜ女性のほうが男性よりも行動力がないかというと、アメリカにあるラトガース大学

のローリー・ルドマンによると、女性は男性に比べてロマンチックな空想をしがちだからというのです。ルドマンは、77人の女子大学生にシンデレラや眠れる森の美女などのテーマに見られる、白馬に乗った王子さまのような人がいつの日か自分を迎えに来てくれると思うかどうかを聞いてみました。

すると、そういうロマンチックな空想をよくする人ほど、学業での成功も、お金も、地位もあまり求めないことがわかりました。

ロマンチックな空想をする女性は、自分で努力をして何かを得ようとするのではなく、王子さままかせなのです。つまりは他人依存の傾向が強かったのです。

ロマンチックな空想というと聞こえはよいのですが、よくよく考えてみると、それは妄想にすぎません。現実には、めったに起きないようなことを夢見ていたら、自分で行動しようという意欲が生まれないのも当然だといえるでしょう。

「道端に3億円くらい落ちていないかな」
「だれか気のいいお金持ちが、私のことを養子にしてくれないかな」
「宝くじで一等が当たったりしないかな」

こういう空想は楽しいかもしれませんが、自分の行動力を奪ってしまうという点では明らかにマイナスです。そんなことを妄想していたら、行動的な人間にはなれませんので注意してください。

幸運なことが次から次へと起きてくれるのなら、ラクな人生を送ることができるかもしれませんが、現実にはそんなことは絶対に起きません。1回くらいなら起きるかもしれませんが、それが連続することはないでしょう。

自分にとって都合のいいことばかりを妄想する人は気をつけてください。そういう妄想が自分のやる気を奪っているということは十分に考えられることです。

ポイント

ロマンチックな空想を多くする人は危険
行動意欲が低くなる可能性がある

遊びの要素を加える

やる気を出したいのなら「ゲーム」の要素を付け加えるといいでしょう。


運動をするのが億劫だと思う人でも、ゲームなら違います。

毎日、何キロもウォーキングやジョギングをしなければならないと思うと、やる気が出ませんが、ゲームならどうでしょう。ゲームなら面白く取り組めるのではないでしょうか。

アメリカのオハイオ州にあるケニオン大学のパトリック・エウェルは、2016年にリリースされたスマホのアプリゲーム「ポケモンGO」についての調査を行っています。

「ポケモンGO」を1か月以上プレイしている人に尋ねたところ、ゲームをする時間が長くなるほど、人生の満足度も高くなり、バイタリティも高くなったそうです。

「ポケモンGO」をプレイするためには、外に出ないといけないので、それによって身体を動かすようになり、しかも他の人とのやり取りも増えたそうです。

友人だけでなく、面識のない人ともやりとりが増えたというのですから、良いことずくめだと言えます。

アメリカにあるスタンフォード大学のティム・アルソフによりますと、「ポケモンGO」の人気が絶頂となった２０１６年の夏には、アメリカ全体で１４４０億歩のウォーキングが行われていたそうです。これはすごいです。

ウォーキング用のアプリゲームには、他にもドラゴンクエスト・ウォークというゲームもあります。

ただウォーキングするだけでは「めんどくさい」と感じて、いまいちやる気も出ませんが、外を歩き回ることにより、主人公（自分）の経験値がアップして、どんどん強くなっていくのだとしたら、ウォーキングも楽しめます。

健康のためにも、ダイエットのためにも運動をしたほうがいいことはだれでも理解しているのですが、なかなかそれを習慣づけるのは難しいでしょう。

けれども、**ゲームをしているのだと考えれば、楽しく継続できます。楽しいことをしているのですから、つらさのようなものは感じなくてすむのです。**

「仕事がキツイ」と感じる人は、仕事だと思うからキツイのです。仕事ではなく、遊んでいるのだと考えてみてください。仕事をすることによって、自分の職業スキルがアップするゲームだと考えるようにすると、いつもの仕事の意味づけが変わり、楽しく仕事ができると思います。

ほんのちょっと自分の思考法を変えてみるだけで、仕事は仕事でなくなり、楽しい作業になるはずです。もし仕事が苦行だと感じるのだとしたら、それは考え方が悪いのです。苦行ではなく、ゲームです。そんなふうに考えるのがコツです。

ポイント

仕事をゲームとして考えてみる
仕事をすることで職業スキルが上がると考えてみる

プライミング効果を利用する

たまたま目にしたものや、たまたま耳に入ってきた刺激が、私たちの行動に影響を与えることがあります。心理学では、これを「プライミング効果」と呼んでいます。

たとえば、「高齢者」という単語を本で見たり、あるいはテレビで聞いたりすると、自分でも気づかないうちに、歩くペースがおじいちゃんのように遅くなってしまったりするわけです。非常に面白い心理効果です。

このプライミング効果は、偶然に起きることもあるのですが、意図的に利用してみるのもよいでしょう。

スピーディーに仕事をしたいと思うのなら、スピーディーな動物をイメージしてみるのはどうでしょうか。これはとてもいい作戦だと思います。

■図① スピーディーな動物について考えると動きも速くなる

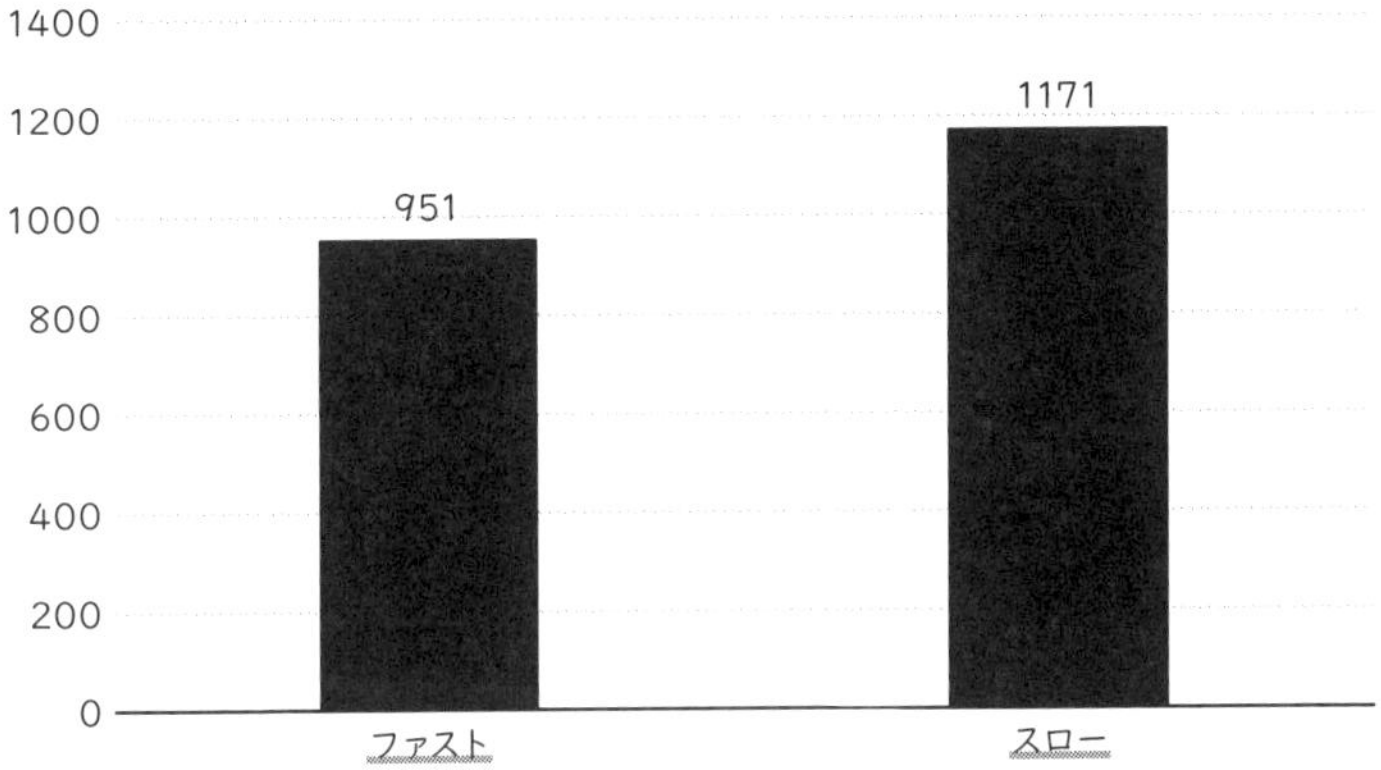

＊数値は反応速度（単位はミリ秒）

（出典：Gollwizer, P.M., et al., 2001より）

アメリカにあるニューヨーク大学のピーター・ゴールウィッツァーは、50人の大学生に「生きものと人間の構造的類似性」というインチキな科学記事を読んでもらいました。

記事は全員が読むのですが、タイトルは同じでも、記事の中に出てくる動物の例が変えてありました。

「スロー」をプライミングする条件では、「ナメクジ」「カメ」「毛虫」など、動きがのんびりしたものが取り上げられており、「ファスト」をプライミングする条件では、「チーター」「ピューマ」「ウマ」「グレイハウンド」（猟犬）などが取り上げられていたのです。

それから別の作業として、できるだけ早

く単語を見つけ出す課題をやらせてみると、反応速度に差が見られました。

前ページの図①を見てください。動きが俊敏な動物のことを考えると、その後の作業では反応速度がアップしていることがわかります。

「仕事なんてしたくないな」と思ったら、プライミング効果を試してみましょう。

動きを素早くしたいのならチーターを、力を出したいならゴリラやライオンのことを考えてみるのです。動物のパワーが自分に宿ったように感じ、仕事もスイスイと片づけられるかもしれません。

ポイント

やる気が出ないときはプライミング効果を利用してみる
スピーディーに仕事をしたいときはチーターなどを想像してみる

適当にいたずらがきしてみる

やろうと思っても、頭がうまく動かないときには、不要になった紙や、印刷ミスをした用紙に、いろいろといたずらがきをしてみるのはどうでしょうか。

幾《き》何《か》学《がく》模《も》様《よう》でも、窓から見える風景でも、何でもかまいません。好きなアニメのキャラクターでもよいでしょう。

「そんなことをして何になるのだ？」と思うはずです。

けれども、**いたずらがきにはとてもいい効用があるのです。私たちの脳みそというものは、手を動かすことによって一緒に動くのです。**手を動かしていると、頭も回転し始めてくれるのです。

イギリスのプリマス大学のジャッキー・アンドレイドは、20人にいたずらがきをしてもらい、他の20人には特別なことは何もしないで、留守番電話のメッセージを聞いてもらいました。その留守番電話の中では、パーティーに参加するという8人の名前が読み上げられていたのですが、メッセージの再生が終わったところで、その8人の名前を思い出してもらったのです。

その結果、いたずらがきをしていたグループでは、平均5・3人の名前を覚えていました。比較のための何もしないグループでは平均4・3人でした。

いたずらがきをしていると、頭が活発に動いてくれるので、ついでに記憶力も高めてくれることがわかりました。

頭が働いていないときには、うんうん唸《うな》っても頭は動いてくれません。

こんなときには、もう目先の考えなければならないことは忘れて、不要紙にいたずらがきでもしましょう。しばらくそうしていると、頭がどんどん活性化されてきて、「おっ、頭のエンジンがかかったみたいだ」と感じると思います。そういう状態になったら、また仕事に戻ればいいのです。

読者のみなさんは、退屈な授業中に、ノートや机に落書きをしたことはありませんか。不思議なもので、ノートの余白にいたずら書きをしていると、そんなに退屈もしませんし、なぜか授業の内容のほうもついでに頭に入ってくるのです。居眠りをするくらいなら、いたずらがきのほうがはるかにマシだといえます。

会議中には、取り上げられている議題について考えなければならないことは言うまでもありませんが、どうにも頭がうまく働いていないように感じるのなら、資料の余白に、無意味ないたずらがきをしてみるのもいいアイデアです。

ただし、いたずらがきがバレると、サボっているなどとして自分の評価が悪くなってしまうかもしれませんので、あくまでもメモを取っているように見せかけながら、うまくいたずらがきをしてください。

ポイント

頭が働かないときは紙にいたずらがきをしてみる
手を動かすことによって、脳が活性化してくる

ご褒美はすぐにもらえるようにしておく

せっかく何らかの行動を起こしたのに、なかなか報酬がもらえないと人はイヤな気持ちになります。

仕事でいうと、一番やる気が出るのは日給制です。1日働いて、終わったときにお金をすぐにもらえるというシステムだと、仕事も苦痛になりません。すぐにご褒美がもらえるのですから。

その点、一生懸命に働いても、お給料がもらえるのが1か月後であるとか、3か月後ということになると、何となく働くのが億劫になってくるでしょう。

アメリカにあるシカゴ大学のケイトリン・ウーリーは、新年に目標を決めた200人に、2か月後にもう一度連絡をとって、「あなたは自分の決めたことをまだ続けていますか?」と聞いてみました。また、行動をするときにすぐにご褒美がもらえるのか、それともしばらく後にご褒美がもらえるのかも聞いてみました。

その結果、自分で決めた目標を2か月後にも続けていた人は、行動をするとすぐにご褒美がもらえるようにしていることがわかりました。

もし何か目標を立てるのなら、できるだけ行動をした直後にご褒美がもらえるようにしておきましょう。

たとえば、子どもに勉強をさせたいなら、宿題を終えたらすぐにゲームを1時間やってよい、という取り決めにしておいたほうが、「週末に1時間ゲームをしてよい」という取り決めよりも望ましいでしょう。頑張ったらすぐにご褒美がないと、なかなか続けられません。子どもも大人もそうです。

スポーツジムで身体を鍛えようと思うのなら、頑張って続ければ3か月後に温泉旅行というご褒美ではなく、練習後にはキンキンに冷えたビールを飲んでよい、というご褒美のほうが継続できるでしょう。あるいは、汗をかくこと自体が気持ちいい、というように考えるようにするのがいいかもしれません。

心理学では、すぐにご褒美がもらえることを「即時強化」と呼び、ご褒美が遅れてやってくることを「遅延強化」と呼ぶのですが、遅延強化の行動はなかなか身につけられない

ことがわかっています。

もしご褒美を用意しているのに、なかなか自分が思うように行動が習慣化されないのだとしたら、ご褒美が遅すぎるのかもしれません。できるだけすぐに自分にとってのご褒美が得られるようなシステムに変えたほうがいいでしょう。

ポイント

ご褒美でモチベーションを高める
ご褒美はできるだけすぐにもらえるようにしておく

選択肢を増やしてみる

行動を起こすときには、ひとつだけではなく、複数のプランというか、複数の選択肢を作るようにしてみてください。

なぜなら、**選択肢がたくさんあると、私たちのモチベーションもアップするからです。**

アメリカにあるデューク大学のジョーダン・エトキンは、スポーツジムに入会して、身体を鍛える選択肢がたくさんあると、会員のやる気が高まることを明らかにしています。たくさんの選択肢があると、どれかひとつくらいは自分にぴったりなのを見つけられそう、と思うからだとエトキンは指摘しています。

スポーツジムの提供しているプランがひとつしかないと、会員はやる気になりません。ダンスレッスン、ランニングマシン、プールなど、たくさんの選択肢があるからやる気が出てくるのです。

というわけで、何かを始めようとするのなら、まずは選択肢を増やすことを考えてみましょう。そのほうがやる気も出てきます。

仕事のやる気がいまいち出てこないというのなら、本業の仕事以外に副業というか、サイドビジネスもやってみたらどうでしょう。やるべきことの選択肢が増えると、面白さを感じて、本業のほうのやる気も高まるかもしれません。

「賢いうさぎは巣穴を3つ持つ」という言葉があります。

巣穴がひとつしかないと、敵に襲われたときにどうにもなりません。そのため賢いうさぎは、他にもいくつか巣穴を掘っておくというのです。「狡兎三窟《こうとさんくつ》」という四字熟語もあります。

仕事も同じで、本業以外に副業を持っておいたほうが、いざというときに困りません。最近では終身雇用制も崩れているので、同じ会社にずっと勤め続けることのほうが難しい世の中です。

やる気を高めるためにも、将来のリスクヘッジのためにも、いくつかの選択肢を作っておくことは絶対におススメします。

「やることがたくさんあると、どれも中途半端になってしまうのでは？」と思う人もいるでしょう。たしかに、人によってはそういうことがあるかもしれません。自分がそういうタイプなのであれば、ひとつのことに集中してもかまわないと思います。

勉強するときにも、複数の選択肢があるとそんなに飽きません。英語の勉強に疲れたら数学の問題を解き、数学に飽きたら世界史の勉強をする、という形でやっていけば、休憩など取らなくともずっとやる気と集中力は高いままで維持できます。選択肢を持つことはとてもいいことなのです。

ポイント

行動をするときは複数の選択肢を考えておく
複数の選択肢を持つと集中力を維持できる

自信がなくて動けないときは？

やりたいという気持ちがどれほど強くとも、自信がなくてできない人がいます。

たとえば好きな人をどれほどデートに誘いたいと思っても、「私などが誘うのは迷惑なのではないか？」と考えてしまって、行動できないのです。

自信はどんな行動をするときにも原動力となるものですが、それがない人はどうすればいいのでしょう。

そんなときは、まず姿勢を直してみることです。

姿勢が悪いと、自信を持てません。姿勢が悪いから自信も出ないのであって、姿勢を直せば自信は後からついてきます。

ドイツにあるトリーア大学のサビン・ステッパーは、99人の男子大学生に試験を受けさせてみたのですが、その際、低いテーブルと高いテーブルを用意しておきました。

低いテーブルだと、どうしても背中を曲げて座らなければなりません。テーブルが高いと、自然と背筋は伸びます。学生には伝えませんでしたが、これは、姿勢によって自信が変わるかどうかの実験だったのです。

テストを終えたところで、ステッパーは自信について尋ねてみました。すると、背筋を伸ばして座らせられたグループのほうが、自信も高く評価することがわかりました。

背中を丸めて、うつむいていると、気分も落ち込んでしまいます。

逆に、胸を張って堂々とした姿勢を取っていると、明るい気分になりますし、自信も持てるようになるのです。

最近は、四六時中スマホの画面を見つめている人が増えました。スマホ中毒というやつです。スマホ中毒の悪いところは、視力が落ちるということもあるでしょうが、背中が丸まって、姿勢が悪くなってしまうところです。姿勢が悪くなれば、当然、自信も落ちます。

街中を歩いているとき、お店のウインドウに自分の姿が映っていたら、自分の姿勢を確認してみてください。ずいぶんと猫背になっているのではないかと思います。これでは仕事でも、プライベートでも、自信を持てるわけがありません。

というわけで、**自信がない人が真っ先にやるべきことは、姿勢を矯正することなのです。**

姿勢を矯正するためのバンドなどは、インターネットで探せばいくらでも見つかりますので、そういうものを使ってみるのもいいでしょう。そんなに高いものではありませんし、姿勢が良くなればきっちり元を取ることができます。

自信がないと、何もする気になりませんし、悲観的なことばかりを考えてしまいますので、できるだけ日常生活の中でも姿勢を気にしながら行動するようにしてみてください。胸を張って、背筋を伸ばすように気をつけていれば、そのうちに自然と自信もついてくるでしょう。

ポイント

自信がなくて行動できないときは姿勢を正す
姿勢を良くすると自然と自信が持てるようになる

部屋の照明を明るくしてみる

性格的に怖がりで、何かをしようとしても不安なことばかり考えてしまうような人は、部屋の照明の明るさを変えてみてください。明るい部屋にいると、「大丈夫、何とかなる」という気持ちが生まれるからです。

カナダにあるブリティッシュ・コロンビア大学のマーク・シャラーは、十分な明るさの部屋か、薄暗い部屋に入ってもらい、「世の中にどれくらい危険があふれていると思うか」という質問をしてみました。交通事故や飛行機の墜落《ついらく》事故、あるいはテロに巻き込まれる危険などです。

その結果、暗い部屋に入れられた人たちは、さまざまな危険を高く見積もることがわかりました。

私たちは、本能的に暗いところを避けます。

暗いところというのは、危険がいっぱいだからです。
そのためでしょうか、部屋の照明が暗いと、どうしてもビクビク、ソワソワしてしまうことになるのです。明るいところだと人は安心します。
ですので、怖がりな人は、照明を明るくしておいたほうがいいのです。部屋が明るければ、おかしな不安を感じなくてすみます。

部屋の照明を薄暗くしておくと、絶望感も高まってしまうという研究報告もあります。

カナダにあるトロント大学のピン・ドンは、部屋の天井にある照明を19個つけている部屋と、同じ部屋の大きさで照明が4つしかついていない薄暗い部屋のどちらかで、106人の大学4年生に、自分が希望する会社に就職できる見込みを9点満点で尋ねてみました。
その結果、明るい部屋の平均は4・53点、薄暗い部屋では3・93点になりました。暗い部屋にいると、「どうせ私なんて希望する会社に採用されるわけがない」と弱気になりがちなのです。

部屋の照明を暗くしているのに、明るいことを考えようとしてもムリです。暗いところ

だと、恐怖、不安、絶望感などが高まってしまうものだからです。

省エネということで会社の照明の数を減らしたりすると、たしかにエコですし、電気代も減らせるかもしれませんが、社員のやる気はどんどん奪われてしまうのではないかと思われます。

社員のやる気を出すためには、少しお金はかかっても、オフィスの照明はできるだけ明るくしておくのがポイントです。

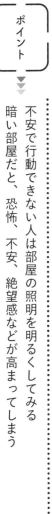

ポイント

不安で行動できない人は部屋の照明を明るくしてみる
暗い部屋だと、恐怖、不安、絶望感などが高まってしまう

辛いものを食べてみる

フランスにあるグルノーブル・アルプ大学のローレント・ベーグは、地元の新聞で募集した144人の男性に、どれくらい辛いものを好むのかを教えてもらう一方で、だ液を採取してどれくらいテストステロンが分泌されているのかを調べました。

その結果、**辛いものが好きな男性ほど、テストステロンの値が高いということがわかりました。**

レストランや居酒屋で食事をするとき、カイエンペッパーやペッパーソース、唐辛子をこれでもかと追加する人がいますが、そういう人ほどテストステロンは分泌されていると考えてよいでしょう。

辛いものを食べるからテストステロンが分泌されるのか、それともテストステロンが多いから辛いものを食べたくなるのか、その因果関係はちょっとわかりませんが、**やる気を出したいのなら辛いものを食べてみるのもひとつの作戦として十分に「アリ」だというこ**

とを覚えておくとよいでしょう。

辛いものを食べると、自然に体温が上がって、身体が熱くなってきます。そういう状態になると、私たちの脳みそは、「テンションが上がってきた」と勘違いしてくれるので、やる気のホルモンであるテストステロンをどんどん分泌しようとするのではないかと思われます。

「なんだか身体が重いように感じる」
「最近、やる気が出ない」
そんなときこそ辛い食べ物がおススメです。「激辛料理」にチャレンジしてみるのも面白いかもしれません。激辛料理を食べると、脳内からやる気のホルモンがどんどん分泌されるので、やる気のないときこそおススメです。

激辛のカレーであるとか、激辛のラーメンであるとか、「激辛」で検索して、一番行きやすい店を選んで入ってみましょう。あまり激辛料理が得意でない人でも、「やる気を出すためだ！」と腹をくくってチャレンジしてみるとよいでしょう。

お店によっては、辛さの等級を2倍、5倍、10倍などと設定しているところもありますので、自分の限界に一番近い等級を選んでください。等級を間違えると「なんだこれは！」とびっくりするくらい辛いかもしれませんが、そこは我慢です。

激辛のお店が自宅のそばにないというのなら、レトルトのカレーやラーメンでもかまいません。

最近はインスタントやレトルトの商品でも「激辛」と銘打っているものが増えましたので、スーパーやコンビニでそういうものをあらかじめ何個か買っておくのもおススメです。そうすれば、会社でイヤなことがあった日や、気分が落ち込んだときにすぐに食べることができます。

ポイント

やる気が出ないときは辛い物を食べる
辛い物を食べるとテストステロンが分泌される

長期的な視野を持つ

物事というものは短期的に考えるよりは、むしろ長期的な視野で考えたほうがうまくいくことが多いです。

商売では、短期的には自分にとってソンをすることになっても、それによってお客さんやクライアントに喜んでもらったほうが、長期的にはお互いの関係が良好になり、長く商売が続けられます。

人間関係も同じで、少しくらい自分がソンをするくらいのほうが相手の満足度は高くなり、結果としては、非常に円満な関係を築くことができます。

実は、やる気についても同じことが言えるのです。

スイスにあるローザンヌ大学のダビデ・モルセリは、**長期的な視野を持つようにしたほうが達成意欲は高まることを確認し、これを「オリーブの木効果」と名づけました。**オリーブの木は成長がとても早く、しかも葉っぱは上向きなので前向きなエネルギーをもたらしてくれる植物です。風水的にも好まれる植物です。長期的な視野で考えるとやる気が出てくるのです。

少しくらい体重が減っても、何も変化はないのかもしれません。5キロも10キロも痩せるのなら周囲の人も気がついてくれるでしょうが、1キロや2キロではだれにも気づかれないでしょう。つまり、努力がムダなわけです。

けれども、「体重が減ると、長生きもできそうだな」「体重が減ると、いろいろな服も楽しめそうだな」と長期的に考えるようにすれば、つらいダイエットもそんなに苦労と思わなくなります。

勉強をしたって、短期的には何も良いことはないのかもしれません。「成績が上がったって、自分の人生はどうせ先が見えている」「良い大学を出たって、何の保証もない」と思うから、やる気が出ないのです。

ところが、長期的な視野を持ち、「本を読むのが好きになると、一生、退屈をしないですむんじゃないかな」「勉強をすると、職業選択の幅がものすごく広がるぞ。それは人生の可能性が広がるっていうことじゃないか」などと、できるだけ長いスパンで考えるようにすれば、勉強することがものすごく楽しくなるのではないでしょうか。

読者のみなさんは〝**1万時間の法則**〟という言葉を聞いたことはないでしょうか。マルコム・グラッドウェルの『天才！ 成功する人々の法則』（講談社）で有名になった法則ですが、**音楽でも、学業でも、スポーツでも、ビジネスでも、成功する人はだいたい成功するまでに1万時間の研鑽《けんさん》を積んでいる、という法則です。**

1万時間といっても、ピンとこないかもしれませんが1日3時間の練習を10年間やるとだいたい1万時間になります。それくらいやると、どんな分野でも成功するのです。

短期的には「なんだ、何も変わらないじゃないか」と思うかもしれませんが、簡単に諦めないで頑張りましょう。「10年やれば、自分だって一人前になれる」と考え、その日を夢見てニヤニヤしながら努力してみてください。

ポイント

長期的な視野を持てばやる気がキープできる
短期的なことばかり考えてしまうと諦めが早くなる

最初は簡単にできることからスタート

チャレンジしてみて最初にうまくいかないと、私たちの心は折れます。「こりゃ、ダメだ」ということでさじを投げてしまうわけです。

したがって、継続的な行動習慣を身につけたいのであれば、最初は目をつぶっていてもたやすくできてしまうようなところからスタートするのがよい作戦です。

ロール・プレイング・ゲーム（RPG）と呼ばれるジャンルのゲームでは、最初は主人公のレベルが面白いようにポンポンと上がっていきます。レベルが上がると、強い呪文を覚えたり、攻撃力が上がったりするので、とても気持ちがいいものです。

もしゲームの序盤から敵が強すぎるとか、なかなかレベルが上がらなかったら、どうなるでしょう。おそらくはユーザーにすぐに飽きられてしまいますし、そんなゲームはそっぽを向かれてしまいます。

人のやる気というのは、最初はやさしいほど高まるのです。

カナダにあるヨーク大学のヘニー・ウェストラは、67人の不安症（多くは広場不安と対人不安）と診断された人たちに、週に2回、2時間の治療を行いました。

まず自分が不安に感じることのリストを作ってもらい、次に、不安のものすごく小さなものから大きなものまでの階層表にしてもらいました。そして、ものすごく小さなものからチャレンジし、うまくいったら、ほんの少しだけ大きな不安にチャレンジしてもらう、というやり方をしてもらったのです。

たとえば、外に出るのが怖いのなら、最初はそれこそ「玄関まで行けたらクリア」というレベルでスタートするのです。それがクリアできたら、次はほんの少しだけレベルを上げ、「自宅の庭に出ることができたらクリア」「郵便受けから新聞を持ってこれたらクリア」というようにやっていくのです。

ウェストラによれば、治療のコツはとにかく最初はものすごく小さなことをやらせて「おっ、これなら自分でもいけるんじゃないか」という期待を高めてあげることです。最初にちょっとでも症状が改善され、「やれる」という期待が高まると、その後の治療効果も目覚ましいのだそうです。

最初は、簡単にできることからスタートしましょう。

「なんだよ、そんなもの」と笑ってしまうくらいにたやすいことから始めるのです。**そこで見事にクリアして良い気分になれば、自分の行動に勢いがついて、どんどん難しいことにもチャレンジしてやろうという意欲が生まれます。**

ポイント

はじめてチャレンジするものは簡単なものから始める
「やれる」という期待が高まると行動習慣がつくれる

満足できるところでOKとする

どんな仕事でも完ぺきにやろうとしないほうがいいでしょう。

なぜかというと、100点満点でなければならないとすると、プレッシャーを感じていつまでもスタートできなくなる可能性があるからです。

「まあ、80点……いや、60点でもいいか」と気楽に考えれば、行動するのも苦になりません。60点を合格点とすれば、何も怖くなくなります。

「100点を取らなければならない」と思うから、いつまでもグズグズしてしまうのであって、行動できないのです。もっと合格点を低くしてしまえば、不安も何もなく、今すぐにでも取りかかれるでしょう。

クライアントに企画書を持ってくるように言われたとき、100点満点の非の打ちどころのない企画書を作成しようとすると、いつまで経っても終わりません。100点満点の企画書など、そもそもできるわけがないのです。ほどほどのところで手を打つようにしたほうがスピーディーに作成でき、すぐにクライアントに提出することができます。クライアントからしても、さっさと持ってきてもらったほうがありがたいものです。

アメリカのメリーランド州にあるカトーバ大学のシェイラ・ブラウンロウは、96人の大学生に完ぺき主義を測定するテストを受けてもらい、**完ぺき主義な人ほど、いつまでもグズグズして学業に取り組まないことを明らかにしています。**

完ぺき主義なほうが良いこともありますが、悪いこともあるのです。

ちょっとだけいいかげんなところがあってもいいのです。それが人間です。神さまではないのですから、100点満点など現実にはそんなに取れるものでもありませんので、ほどほどのところで切り上げるようにするのです。

100満点の商品を開発しようなどと思うと、いつまでも終わりません。60点、70点くらいのところで「良し」として、さっさと発売してみることです。商品が売れるかどうかなど、テスト販売をしてみなければわかりません。販売してから、悪いところがあれば改良していけばいいのです。

どんなお客さんにも喜ばれる100点満点の商品を開発しようとすると、いつまでもマーケティング調査を続けるばかりで埒《らち》が明きません。

「見切り発車」という言葉は、どちらかというとネガティブな意味合いで使われることが多いのですが、準備を完ぺきにやろうとするのではなく、**見切り発車をしたほうが良いことも現実にはたくさんあることを知っておきましょう。**

ポイント

どんな仕事でも100点を目指さない
合格点を低くしておくとすぐに行動できる

第2章

おかしな思い込みが、行動を妨害する

月曜日にやる気が出ないのは自分のせい

月曜日になると、憂鬱《ゆううつ》な気分になってしまうことがあります。いわゆる「ブルーマンデー」という現象です。

月曜日を待たず、日曜日の夕方くらいから、「ああ、また仕事かあ」という気持ちでネガティブな気分になってしまう人もいるようです。日曜日の夕方にはサザエさんが放送されるので「サザエさん症候群」という言葉もあるようです。サザエさん自体は、とてもアットホームなアニメなのですが……。

とはいえ、月曜日には必ず意気消沈してしまうのかというと、そんなことはありません。「ブルーマンデー」という現象があると思い込んでいるから、ブルーマンデー現象が起きるのであって、そんなものはないと思っていれば、気分が落ち込むこともありません。

イギリスにあるセント・ジェームズ大学のガイルズ・クロフトは、66人の大学生に、ブルーマンデーが存在すると思うか、ブルーマンデーなんて都市伝説だと思うかを質問する一方で、2週間、その日の気分の記録を取ってもらいました。

その結果、月曜日には気分の落ち込みが見られました。

ただし、それは「ブルーマンデー現象は存在する」と思っている人だけでした。「ブルーマンデーなんてウソだよ」と思っている人は、月曜日でもその他の曜日と同じように生活できていたのです。結局のところ、月曜日に陰鬱な気分になるのは、本人の思い込みなのです。

本人がそう思い込んでいるからブルーマンデーが起きるのであって、そういう自己暗示を自分にかけないようにすれば、ブルーマンデーは起きないのです。

カナダにあるブリティッシュ・コロンビア大学のジョン・ヘリウェルは、50万人もの大規模調査を行い、曜日ごとに、幸福感や楽しい気持ちがどのように変動するかを調べてみました。すると、平日はだいたいどの曜日も同じようなムードであることがわかったのです。「ブルーマンデー」などまったくありませんでした。

自分におかしな暗示をかけさえしなければ、月曜日だからといって気分が落ち込んだりすることはありません。「ブルーマンデーなんて神話にすぎない」という事実を知っておけば、おそらく読者のみなさんも今後は月曜日になるたびに抑うつを感じなくてすむかもしれません。

どうせ暗示をかけるのなら、「月曜日になると、リフレッシュされて気分が良い」というような好ましい暗示をかけてください。日曜日に家でダラダラしているくらいなら、会社に出たほうが人に会えるので嬉しい、というように考えてみるのもいいでしょう。

ポイント

月曜日にやる気が出ないのは気のせい
自己暗示にかかっているだけ

友だちを増やしたいなら、シンプルに頼む

友だちや知り合いを増やしたいのに、自分からは積極的に行動できない人がいます。

「私のような人間とは知り合いになりたいとは思わないはず」
「どうせ断られるに決まっている」
「いきなり声をかけたら、不審者扱いされるだけ」

だいたいこんな感じのことを考えてしまって、声をかけるのを躊躇《ちゅうちょ》してしまうのです。ですが、それは自分で勝手にそう思い込んでいるだけです。ごくごくシンプルに、「あなたとお知り合いになりたいのです」と頼んでみてください。意外と拍子抜けするほど、簡単に「いいですよ」と言ってもらえるでしょう。

アメリカにあるプリンストン大学のニコル・シェルトンは、白人の学生は、もっと黒人

の友人がほしいと思っているのに、「黒人の学生はそう思っていないだろう」と思い込んでいて、声をかけるのをためらうことを調査によって明らかにしました。

また黒人の学生も、もっと白人の友だちがほしいと思っているのに、「白人の学生は嫌がるだろう」と思って声をかけないことも明らかにしています。結局、お互いに勝手な思い込みで、友だちになることを遠慮し合っているのです。

「行動できない」のだとしたら、それは自分の誤った思い込みが行動を妨害しているのです。

というわけで解決策はひとつしかありません。

自分の誤った思い込みを修正して、ごくシンプルに「友だちになりたいんです」とお願いしてみればいいのです。

「どうせ拒絶されるに決まっている」と思うかもしれませんが、本当に拒絶されるかどうかなど、やってみなければわからないではありませんか。

相手の気持ちなど、超能力者でもない私たちには知りようがないのですから、とにかく声をかけてお願いしてみなければなりません。

その結果として、拒絶されることがあるかもしれませんが、現実にはそういう可能性はものすごく低いのです。

勝手な思い込みで行動できない人はたくさんいるのですが、実際に動いてみると、全然たいしたことがないことがわかるはずです。

だまされたと思って、ぜひ一度、知り合いになりたい人に「あなたとお知り合いになりたい」と頼んでみてください。びっくりするほどたやすくＯＫしてもらえると思います。

ポイント

仲良くなりたい人がいたら、勇気を持ってシンプルに頼んでみよう

世の中は善人であふれている

「人を見たら泥棒だと思え」という言葉がありますが、現実にはそんなに悪人はいないものです。根っからの悪人など、果たしているのでしょうか。たいていの人はとても親切ですし、思いやりを持っています。ほぼすべての人が善人といっても過言ではありません。

ところが私たちは、善意にあふれた人ばかりだということをなかなか信じられないのです。みんな自己中心的で、自分のことにしか興味がなく、こちらが何をお願いしても絶対に拒絶するはずだ、と勝手に思い込んでいるのです。

もしだれかに助けてほしいと思うのなら、シンプルに「手伝ってもらえませんか？」とお願いしてみればいいのです。たいていの人は快く引き受けてくれるでしょう。拒絶される可能性は驚くほど低いと思います。

アメリカにあるコロンビア大学のフランシス・フリンは、42人の大学生に「知らない人に10分かかるインタビューを頼んできてほしい。さて、5人のノルマを達成するのに、いったい何人に声をかけなければならないと思う?」と聞いてみました。

すると学生の平均の見積もりは20・5人でした。20人くらいに声をかけないと5人のノルマを達成できないという予測です。

ところが実際にやってもらうと、平均10・5人に声をかけたところでノルマが達成できました。自分の見積もりの半分ですんでしまったわけです。世の中には善人が多くて、そんなに拒絶もされないことがわかります。

フリンはさらに第2実験で、「他人の携帯電話を借りてほしい。ノルマは3人」という課題を与えました。先ほどと同様、3人のノルマをクリアするのに声をかける人数を予測してもらうと、平均10・1人ということがわかりました。

けれども実際にやってもらうと、平均6・2人に声をかけたところでノルマを達成できたのです。フリンはさらに第3実験として、「遠く離れたキャンパス内の施設まで、道案内をお願いしてほしい。ノルマは1人」という課題では、ノルマを達成するのに平均7・2人に声をかけなければならないだろうと予測したのですが、現実には2・3人に声をかけるだけでやすやすと達成できました。

私たちは、自分のお願いが断られてしまうことを過剰に心配しがちなのです。

ですが、現実にはそんなに断られることはない、ということがフリンの実験で明らかにされたといえます。

実際にお願いしてみると、かなりの高確率でうまくいくことを知っておきましょう。

自分だけでは仕事ができないと思うのなら、職場のだれかに声をかけて「手伝ってください」とか「残業に付き合ってください」とお願いしてみてください。わりと簡単に「いいですよ」と言ってもらえることがわかると思います。世の中には、そんなに性格がねじ曲がった人はいないのです。

ポイント

私たちの周りのほとんどは良い人
悪人はそんなにいないのが現実

恋人ができないのは、アプローチしないから

恋人ができないのは、自分の責任です。

といっても、顔だちに魅力がないとか、太っているとか、会話がヘタだとか、そういう意味ではありません。恋人ができないのは、自分から行動しないからです。「私の恋人になってください」とお願いしないから、恋人ができないだけのことです。

私たちは、誤った思い込みを持っていて、それで行動しないことがよくあります。

「あんなに素敵な人が、私のようなむさくるしい人間とデートしてくれるわけがない」と勝手に思い込んで、デートのお願いをしないのです。

これでは恋人ができるわけがありません。

「宝くじは買わないと当たらない」とよく言われます。

恋人も同じで、「自分から動かないと、恋人はできない」のです。

黙って座って待っていたら、いつの間にか恋人ができちゃった、ということは絶対にあ

りません。自分から動くからこそ恋人ができるのです。
「相手にはっきりと拒絶されてしまうのが怖い……」と感じて、いつまでもグズグズと行動をためらう人がいますが、自分から動かないと何も変わりません。それにまた、声をかけるとかなりの高確率でうまくいきます。

アメリカにあるミシガン大学のデビッド・シュミットは、世界の53か国（日本も入っています）の1万6954人の男性に調査し、女性を食事に誘ったり、映画に誘ったりして、「一度でもうまくいったことがありますか？」と尋ねてみると、なんと83・2パーセントが「イエス」と答えてくれたではありませんか。まさかの8割超えです。
しかもシュミットは、「それが長く続く関係として成功しましたか？」とも質問してみたのですが、80・9パーセントが「イエス」と答えました。

好きな人がいたら、とにかくデートに誘ってみてください。
そんなに拒絶もされないと思います。

もうひとつ別の研究もご紹介しましょう。

カナダにあるトロント大学のサマンサ・ジョエルは、恋人のいない大学生132人（そのうち男性は65人）に、あまり魅力的でない異性の写真とプロフィールを見せて、「この人とデートできますか？」と聞いてみると、約4割の人が「いいですよ」と答えてくれることを突き止めました。そんなに顔だちに魅力がなくとも、それでも「デートくらいなら」と考える人はかなり多いのです。

ジョエルによりますと、私たちはイケメンや美人が好ましいと口では言うものの、「拒絶したら相手がかわいそう」などという配慮が働いて、現実には自分の好みのタイプではなくとも、デートには応じてくれることが多い、と指摘しています。

とにかく動いてください。**自分の勝手な思い込みで、「うまくいくわけがない」などと考えていたら、いつまで経っても行動は起こせません。**

ポイント

好きな人がいたらとにかくデートに誘ってみる
恋人ができないのは自分の責任でもある

マインド・セットを変える

頭の良さですとか、才能のようなものは運命的に決まっているものではありません。あらかじめ決まっているものではなく、努力次第で伸ばすことができるです。

「努力したって、頭は良くならないよ。私の両親は中卒なんだから」

こういう思い込みはよくありません。そういう思い込みをしていたら、勉強しようという意欲が生まれるわけがないからです。

本人の思い込みのことを「マインド・セット」と呼ぶのですが、行動的な人間になりたいのなら、まずは間違えたマインド・セットを修正する必要があります。

アメリカにあるテキサス大学のデビッド・イーガーは、GPA（アメリカの成績評価のことです）の点数が低い中学3年生を集めて、マインド・セットを修正するためのトレーニングを受けてもらいました。

「努力は決してムダにはならない、だれでも学べば絶対に伸びる」

「伸びないのはやらないからであって、才能のせいではない」

こういうことをしっかりと教え込むことで、まずは勉強のできない子どものマインド・セットを変えるように仕向けたわけです。

するとどうでしょう、それまで成績が振るわなかった子どもたちも、数か月後には本当に主要科目の成績が伸び始めたではありませんか。マインド・セットを変えるやり方は大成功だったのです。


「どうせ自分にはできっこない」と思い込んでいるから「できなくなる」のであって、最初から「できない」わけではありません。

成績が悪いのだとしたら、それは明らかに自分のせいです。

自分がおかしな思い込みを持っているから、成績が悪いのであって、その思い込みを変えれば、成績はいくらでも伸ばせます。

「もともとの頭が悪いんだから、どんなに努力したって成績が上がるわけがないんだよ」と思っている人は、おそらくいつまでも成績は上がらないでしょう。本人がそう思い込んでいたら、成績が伸びるわけがないのです。

スポーツでも、芸術でも、同じです。

「私は背が小さいから、バスケットボールがうまくならない」と思っていたら、バスケットボールの技能を伸ばすことはできません。

たしかに背が低いことはバスケットボール選手としては致命的に不利でしょう。そのこと自体は否定できません。世界最高峰のバスケットリーグであるNBAの選手の平均身長は約2メートルだそうですから。けれどもマグジー・ボークスのように身長が160センチでも大活躍できた選手がいないわけではありません。つまり、身長ですべてが決まるわけではないのです。

「私には音楽の才能なんてない」と思っていたら、ピアノもバイオリンも、その他の楽器も学ぶことはできないでしょう。

おかしな思い込みは叩き潰しておきましょう。マインド・セットを変えれば、才能はいくらでも伸ばせます。

ポイント

頭の良さや、才能は生まれながらに決まっているものではない
マインド・セットを変えればだれでも才能は伸ばせる

自分で限界を設けない

アメリカ人は、意志力のような精神力には、限界があると信じています。

つまり、精神を疲れさせるような作業にしばらく取り組んだら、精神力が回復するまで、しばらく休まなければならない、と信じているのです。

日本人も同じように考えています。頭を使う仕事をしたら、その後に休まないと回復しないと思っている人のほうが多いのではないでしょうか。読者のみなさんもたぶんそうだと思います。

ですが、「精神力には限界がある」と思っているから、精神力が出なくなるのであって、「精神力に限界なんてない」と思っていれば、精神力が枯れてしまうようなことはないのです。

シンガポールにある南洋理工大学のクリシュナ・サバニは、アメリカ人は精神力の限界を信じているけれども、インド人は限界など信じていないので、精神力を使う複数の作業を連続してやらせても、決して作業能率が落ちることはないという報告をしています。

精神力には限界なんてないと思っていたほうがいいです。そうすれば、疲れなんて感じなくなります。

オランダにあるマーストリヒト大学のキャロリン・マーティンは、53人の大学一年生にハンドグリップを我慢の限界まで握り続けてもらう実験をしました。

それから2つのグループに分かれてもらい、ひとつのグループにだけ、「精神力は無限」ということを教えました。「精神的な疲れは、身体的な疲れとは違って、休憩なんていらないという科学的な研究があるのです」ということを教えたのです。

それからもう一度ハンドグリップを握ってもらうと、「精神的な疲れなんてない」と教えられたグループでは、そういうことを教えてもらわなかったグループより長くハンドグリップを握っていられることがわかりました。

もし人間に限界があるとしたら、それは自分が勝手に作り上げた限界であるにすぎませ

ん。そんなものはないのだと思っていれば、私たちはやすやすと限界突破できるものです。

自分ではここまでしかできないと思っていることでも、たまたまそれ以上のことをやってみると、意外にすんなり壁を越えてしまうこともあります。

「絶対にムリ」と思っているからムリなのであって、そんなことを考えなければ、私たちに限界などありません。

ポイント

精神力に限界などない
限界は自分で作り上げたものにすぎない

直感で動いてもＯＫ

いくら考えても正解がわからないことはよくあります。

もし考えに考えぬくことで正解にたどり着けるのならよいのですが、人生においては考えてもわからないことはいくらでもあります。

もし「どんなに考えても答えなんてわからない」と思ったら、考える時間がもったいないので、さっさと直感で行動してしまいましょう。

「直感で動く」というと、何やら危なっかしいように思われるかもしれませんが、そんなこともありません。私たちの直感は、かなりの優れものなのです。

イギリスにあるオープン大学のマーク・フェントン＝オクリーヴィは、６つの投資銀行の一流トレーダーについて調査したことがあるのですが、一流のトレーダーほど自分の直感を信じて行動していることがわかりました。「なんとなくこちらが正しいように感じる」という自分の直感を信じるからこそ、素早く決断、実行ができるのです。どの株を買ったらよいのかは、熟慮してもどうせわかりません。完全に計算でうまくいくのならよいのですが、そういうケースはあまりありません。

これは金融業界だけに限った話ではありません。

私は出版業界で働いていますが、どんな本が売れるかなど、計算や予測ができませんから、もう直感で動くしかないと割り切っています。直感的にこのテーマの本を書こう、と決めて、手あたり次第に仕事をしている感じです。

じっくりとテーマを熟慮して、売れる本を作ろうなどと考えていたら、いつまでも動けません。売れる本など、わかるわけがないからです。考えるだけムダなことは、しないほうがいいに決まっています。とりあえず自分の直感を信じることにしましょう。

そのほうがスピーディーに行動することができます。

アメリカにあるプリンストン大学のダニエル・カーネマンは、お医者さんが診断をするときや、消防士が火災現場に突入すべきかどうかの判断をするときにも、直感は大いに役立つと指摘しています。熟慮ばかりしていても、埒が明きません。

どんなに考えても正解がわからない状況では、とにかく自分の直感を信じて行動するという自分なりのルールを作っておきましょう。そのほうが悩んだり、迷ったりしなくてすみます。

ポイント

どんなに考えてもわからない場合は直感を信じる
正解がないものは悩む時間がムダになる

見栄を張るのも立派なモチベーションだと考えてみる

見栄を張ることは良いことです。なぜなら、見栄を張って、「カッコ悪いところは見せられない」「情けない姿を見せられない」という気持ちは、本人にとってものすごく大きな意欲を引き出すことに役立つからです。

見栄を張らない人は、自分がどう他人に評価されてもかまわないと思っているので、やる気も出ません。そう考えると、見栄っ張りな人間であることは決して悪いことではないといえるでしょう。

アメリカにあるカリフォルニア大学サンタバーバラ校のチャールズ・ウォーリンガムは、ジョギングコースで走っている男性が90ヤード（約82メートル）を走り抜ける速さをこっそりと測定してみました。

ただし真ん中の45ヤード地点にある芝生のところにはアシスタントの女性がいます。その女性は条件によって、ジョギングしている人をじっと見つめていることもあれば、あるいは背中を向けて読書中、ということもありました。

すると面白いことがわかりました。女性が見つめていると、ジョギングしている人たちはみなペースアップすることがわかったのです。

それまではフラフラしながら走っていた人でも、「女性がこちらを見ている」ということに気づくと、背筋をちゃんと伸ばして、腕も力強く振り始め、ペースアップしたのです。

その心理はおそらく見栄です。「女性の前で情けない姿を見せるのは恥だ」という気持ちが、ペースアップさせたのでしょう。

見栄を張ることは決して悪いことではありません。むしろ自分の潜在能力を最大限に引き出す上で、大変に役立つ力を私たちに与えてくれるのです。

女性が多い職場で働いている男性は、おそらく重い段ボール箱でもホイホイと運び、力仕事なども率先して行うでしょう。たくさんの女性の目が自分を見ていると思えば、普段なら出せない力も出せるようになるのです。

見栄っ張りな人は、見栄を張るためなら、喜んでやせ我慢ができるものなのです。

やせ我慢であろうが、我慢のひとつであることは変わりがありませんし、普段以上の努力を引き出す上での立派なモチベーションになります。
「私は見栄っ張りだ」という自覚があるのなら、それは良いことだと自分に言い聞かせてください。もっと、もっと見栄っ張りになっていいのだ、と考えるようにしたほうがいいと思います。

私は高校生のときに、数学の勉強を頑張っていましたが、その理由は数学ができる男性は他の生徒から一目置かれていたからです。見栄っ張りな私は、周囲の人たちが私のことを頭がいい人だと評価してくれるのが嬉しくて、数学の勉強を頑張ったのでした。

見栄を張る力はとても強力な意欲を引き出しますので、うまく使いましょう。

ポイント

見栄を張ることはモチベーションにつながる
潜在能力を引き出すのにも役に立つ

異性にモテたいという下心を持つ

見栄を張ることと似ているのですが、異性からモテたいという下心も悪くありません。異性にモテたいと思うからこそ、私たちは力を出せるのです。下心は大歓迎すべきなのです。

オーストラリアにあるクイーンズランド大学のリチャード・ロネイは、ブリスベンにあるスケートボード場に出向き、そこにいる96人の男性に声をかけました。

声をかけるアシスタントは2人です。1人は男性で、もう1人は魅力的な女性でした（事前の顔だちの評価で7点中5・58点と高く評価された女性です）。

アシスタントの2人は、滑っている男性に声をかけ、10回の技を見せてくれるようにお願いしました。技はやさしくてもかまいませんし、練習で50パーセントしか成功していない難しい技でもかまいません、と伝えました。

その結果、女性アシスタントがお願いしたときには、男性ははりきって難しい技に果敢に挑戦することがわかりました。男性は、女性の前だと張り切るのです。

また、挑戦が終わったところでだ液を調べさせてもらったのですが、男性アシスタントがお願いしたときには、テストステロン値が212・88 pmol/L だったのに対して、女性がお願いしたときには295・95 pmol/L でした。

テストステロンは男性ホルモンの一種で、やる気を高めるホルモンなのですが、女性の前では、やる気が高まったということを示しています。


下心というか、スケベ心のようなものを持つことは、恥ずかしいことでも何でもありません。それによって自分の意欲を高めることができるのですから、大いに下心を持ちましょう。そのほうが絶対にやる気が出ます。


「異性にモテたい」

「異性にチヤホヤしてもらいたい」

そういう気持ちがあればこそ、人は思ってもみない力を発揮できるのです。

たいていの人は、自分の限界をかなり低めに評価しているものですが、異性にモテたいと思えば、やすやすと限界突破できるものです。普段の自分なら絶対にできないようなことでも、異性の前でなら難しくありません。

それまではずっと仕事の手を抜いていたような人でも、たとえば新入社員として若い女の子が入ってきたりすると、とたんに張り切って仕事をする人もいるでしょう。「カワイイ後輩にちょっとでもカッコいいところを見せたい」と思うと、自然にパワーがみなぎってくるものです。

下心を持ちましょう。下心はいくらあっても困るものではありません。

ポイント

モテたいと思うことはやる気を高める
モテたいという気持ちが限界突破に役に立つ

悲観的なくらいでちょうどいい

自己啓発系の本を読んでいると、「ポジティブ思考を持ちましょう」と書かれています。ネガティブなことを考えるのではなく、バラ色の未来を想像したほうがいいというわけです。

たしかに精神的な健康を維持するためにはポジティブ思考を持ったほうがいいのかもしれませんが、悲観的なネガティブ思考が絶対にダメなのかというと、そういうことでもありません。悲観的であればこそ、逆に行動をするやる気が出てくるということがあるからです。

アメリカにあるカリフォルニア大学のリアン・ファムは、学生を2つのグループに分け、片方のグループには、大事な中間テストでいい点数をとった自分を頭に思い描いてもらいました。もう片方のグループには、中間テストで失敗した自分をイメージしてもらいました。

さて、実際の試験で高得点を取ったのは、どちらのグループだったのでしょうか。

なんと試験で失敗したことをイメージしてもらったグループのほうが試験の出来は良かったのです。

自分がうまくいったことをイメージするポジティブ思考グループは、楽観的になりすぎて、あまり試験の勉強をしませんでした。だから成績も悪かったのです。

その点、悲観的なことをイメージしてもらったグループの人たちは、「このままでは危ないぞ」「私はおバカさんなんだから、人の3倍くらい勉強しないと単位を落としてしまうぞ」と不安になり、その不安を原動力にして、試験勉強を頑張ったのです。だから、成績も良かったのです。

不安などの悲観的な思考は、やる気に転化できるのです。

似たような研究は、アメリカにあるペンシルベニア大学のガブリエーレ・エッティンゲンも報告しています。

ダイエットプログラムに参加した肥満の女性に対して、ポジティブな未来と、ネガティブな未来を想像してもらってから1年後に追跡調査すると、ネガティブなことを考えてもらった人のほうが、ポジティブな未来をイメージしてもらった人より平均11・8キロもの減量に成功していたのです。

「ダイエットなんて簡単」というポジティブなことを考えていると、本気で取り組もうとしません。

その点、「肥満だとみんなの笑いものになってしまう」「私は人より太りやすいので、毎日の運動をしないとすぐに元に戻る」などとネガティブなことを考えていたほうが、きちんとダイエットに取り組むので、結果として、ダイエットにも成功しやすくなるのです。

悲観的な思考は決して悪くありません。うまく利用すれば、自分を変える行動の原動力になるのです。

ポイント

ネガティブ思考も悪くない
不安などのネガティブな思考はやる気に転化できる

ネガティブな思い込みをやる気に変える

恐怖の感情は、ネガティブな感情ではありますが、モチベーションを高めるのに役立ちます。「肺がんのリスクを高めそう」とか「寿命が縮まりそう」と思えば、禁煙したほうがいいという気持ちになることからも、それはわかります。

恐怖以外のネガティブな感情についてはどうでしょうか。

実は、そういうネガティブな感情もやる気を引き出すのに役立つことが知られています。

アメリカにあるメリーランド大学のアラン・ウィグフリードは、「だれも解けない問題を自分だけ解けるのは気持ちがいい」というポジティブな感情は学習意欲を高めますが、その反対の感情、すなわち、「数学ができないとみんなにバカにされそう」という気持ちもまた、学習意欲を高めるのに役立つと指摘しています。

結局のところ、ポジティブな感情であろうが、ネガティブな感情であろうが、どちらもモチベーションに変えようと思えば変えることができるのです。

もし自分が性格的にネクラで、ネガティブなことのほうが考えるのが得意なのだとしたら、楽観的に考えるとか、ポジティブ思考をするというよりも、ネガティブ思考のほうを有効活用することを考えたほうがいいのかもしれません。

仕事に取りかかるときにはこんなふうに考えてみてください。

「ダラダラしていると、クビになるかもしれない」

「次の仕事なんて、今のご時世じゃ、見つけられないかもしれない」

「家族が路頭に迷うかもしれない」

「情けない父親だと子どもたちに呆《あき》れられてしまうかも……」

「じゃあ、そうならないように人の2倍働くか!!」

このような思考プロセスを取ってみると、否でも応でもやる気は高まってくるのではないでしょうか。


独身生活を満喫していて、結婚する気などまったくない人は、かりに婚活をしようとしても本気にはなれないでしょう。本人にそういう気持ちがないのですから。

ですが、そういう人でも、「今はいいけど、老後も一人っていうのは味気ないな。寂しい老後を送るのはイヤだな」などとネガティブな未来を想像してみると、「やっぱり婚活をしよう。今ならまだ間に合うはずだ」という気持ちが生まれるかもしれません。

不安や悲観など、ネガティブな感情も使おうと思えばやる気に転化できますので、自分の性格に合ったネガティブ思考をしてみるとよいでしょう。

見栄っ張りで、負けず嫌いなら、「人にバカにされる」「負け犬扱いされる」という気持ちが強烈なモチベーションを引き出してくれるでしょう。

ポイント

性格によってやる気を出す方法は違う
自分の性格に合ったネガティブ思考をする

第3章
行動力がない人のための心理学

自分なりの目標を立てる

アメリカにある南カリフォルニア大学のエリック・アレンは、とても面白い調査をしています。

1970年から2013年までに行われたフルマラソンに参加した970万人のゴールのタイムを調べてみたのです。

すると、ゴールの時間は、2時間59分、3時間59分などが圧倒的に多く、3時間1分とか、4時間2分という記録は極端に少ないことがわかりました。

なぜこんなことが起きるのかというと、参加者はみな自分なりに目標を決めて、その目標を超えるように頑張るからです。

ランナーは何も考えずに参加するわけではありません。「絶対に3時間を切ってゴールしてやる！」といった自分なりの目標を立て、それをクリアしようとして頑張るのです。そのため、「○時間59分」とか「○時間58分」という記録が増えるのです。

この研究が何を意味するのかというと、**自分なりの目標を立てれば、人は意欲的になり、**

パフォーマンスが向上するということです。

まずは自分なりの目標を立てましょう。

あまりに簡単すぎてはダメです。かといって、実現不可能な目標でもいけません。必死に頑張れば手に届きそうなくらいの目標にしておくのがポイントです。

私たちは、成功する確率が50パーセントくらいのときに一番頑張れるのです。

目標を立てないと、何を目指して行動すればよいのかわからなくなります。ただ何となく始めても、その行動は長続きしません。何となくやめてしまうものです。

何をするにしても、目標を立てることは良いことです。受験のときに、「○○高校に合格する」と思えばこそやる気が出るのであって、ただ何となく勉強をして志望校を決めていない人は、勉強にも身が入らないのではないでしょうか。目標はなるべく早く決めておくのがポイントです。

目標を設定するときの高さは、最初はよくわからないでしょうから、柔軟に変えてもかまいません。

もし簡単にクリアできそうなら、クリアする前に目標を少し高くすればいいですし、難しそうなら、少しだけハードルを下げるのです。その点は柔軟に変えてもよいと思います。フルマラソンの例でいうと、最初は「3時間半でクリア」という目標で頑張ってみて、それが苦しいと感じるのなら「何とか4時間以内にクリア」という目標に変えるのです。

せっかく目標を立てたのだからといって、難しい目標にしがみつこうとすると、やる気がなくなってしまいます。ですので、やる気が失われる前に目標を修正したほうがいいのです。

また、目標を立てるときには、1週間を目安にするといいと思います。1日では短すぎますし、半年や1年先に設定すると、気持ちがだらけてしまうので、1週間、あるいは長くとも1か月単位で目標を立てるのがちょうどいいような気がします。この点については次の節で少し詳しく述べます。

ポイント

行動をする前に目標を立ててみる
目標を立てると意欲的になり、パフォーマンスが向上する

目標は1週間ごとがベスト

元日とか、自分の誕生日のような特別な日に、私たちは頑張って努力をしようという気持ちになります。

これをアメリカにあるペンシルベニア大学のヘンチェン・ダイは、「フレッシュ・スタート効果」と名づけました。

特別な日には、自然にモチベーションが上がるのです。

これを活かさない手はありません。

といっても、元日や誕生日や結婚記念日は1年に1回しかありませんので、特別な日をもっと増やしたほうがいいでしょう。

一番いいのは週ごとの目標を立てることです。

毎週月曜日に新しいスタートを切ると決めておけば、毎週頑張ることができます。

毎週月曜日を自分にとっての特別な日としておけば、月曜日がくるたびにフレッシュ・スタート効果が起きます。

週ごとのスケジュールで行動するようにすると、そのうちに月曜日になるたび、自然とやる気が出てくるようになります。「さて、今週も頑張ろう」というフレッシュな気持ちが、心に湧いてくるのです。

前の週に目標達成に失敗したとしても、週末にはいったんすべてをリセットしましょう。すべてを忘れ、月曜日にはまた新たに目標を立てるのです。

取り組むべき課題が非常に大きい場合、1週間ではとても達成できないことがあるかもしれません。

こんなときには、まず大きな目標を、週ごとにクリアできるくらいの小さな目標に分割してみてください。どんなに大きな目標もいくつかの小さな目標に分割し、1週間単位でひとつずつ取り組めるようにしておきましょう。

1週間を目安に小さな目標、1か月を目安に中くらいの目標、半年から1年をかけて大きな目標、というように分割するのがよいと思います。

目標を立てるのがヘタな人は、大きな目標しか立てないのが悪いのです。大きな目標をいきなり達成するのはムリですから、できるだけ分割して、1週間でクリアできる小さな目標に変えていくのがコツです。

毎週月曜日は自分にとってのフレッシュ・スタートの日です。

月曜日にはダラダラしてしまう人も多いと思うのですが、フレッシュ・スタートの日と決めておくと、月曜日から絶好調で仕事に取り組むことができるでしょう。

ポイント

目標を立てるなら一週間がベスト
週ごとに目標を立てるとやる気がキープできる

テンションが上がる音楽を聴く

テレビで国際大会の中継を見ると、水泳選手でも、体操の選手でも、フィギュアスケートの選手でも、試合前には選手たちがイヤホンでお気に入りの曲を聴いている姿を見ることができます。

選手たちは、「この曲を聴くとテンションが上がってくる」という自分なりの曲を選定し、試合前にそういう曲を聴いて、気分を盛り上げたり、あるいは不安を払拭したりしようとしているのだと思われます。

この方法は、アスリートだけでなく、私たちのような一般人にも役に立ちます。**自分なりのテンションを上がる曲を選び、仕事をするときにその曲を聴くのです。アスリートがやっていることからもわかる通り、この方法はとても効果的です。**

イギリスにあるキングストン大学のレイチェル・ハレットは、ジムや公園をジョギングしている50人（平均43歳）にお願いして、そのうちの半分の人には、6か月間、運動は何

表② 自分の好きな曲を聴いてテンションをあげる

	音楽群	コントロール群
週当たりの運動時間（分）	282.02分	220.31分
週当たりの運動日数	4.76日	3.57日

（出典：Hallett, R. & Lamont, A., 2019より）

でもいいので、運動前に自分のモチベーションを上げる曲を聴いてもらいました。曲は自分で好きなものを選んでよいということにしました。残りの半分の人には何も求めませんでした。こちらは比較のためのコントロール群です。

6か月の間、週ごとに自分の運動についての測定をしてもらったところ、上の表②の通り結果が得られました。

大好きな音楽を聴くと、運動しようというモチベーションが高まるということがよくわかります。

運動をするのは苦しいと思うのですが、それでも好きな音楽を聴いていると、たくさん運動しようという気持ちが生まれるのです。

テンションを上げるという目的からすれば、しっとりとしたバラード曲よりも、アップテンポの陽気な曲のほうがよいと思いますが、もちろんどんなジャンルの曲でもかまいません。

自分なりに「この曲を聴くと、いっぺんにテンションが上がる」という曲を選ぶといいです。「これから大切な商談がある」というときには、大好きな曲を聴きながら相手先の会社に向かいましょう。そのほうがモチベーションも上がって、商談がうまくいく可能性がアップします。

ポイント

テンションの上がる曲を選んでおく
やる気を出したいときにその曲を聴く

「ヒーロー」について考えてみる

退屈な仕事を放り出してしまいたくなったら、ヒーローについて考えてみてください。

「もしヒーローだったら、やりたくないことでも簡単に途中で投げ出さないはず」

「いったん始めたら、最後の最後まで頑張るはず」

「見苦しい言い訳などせずに、黙々と取り組むはず」

こんなふうに考えていると、「私も、もうちょっとだけ頑張ろう」という気持ちになってくるでしょう。

アメリカのニューヨーク州にあるハミルトン大学のレイチェル・ホワイトは、4歳から6歳の180人の子どもに、ものすごく退屈な作業をしてもらいました。コンピュータの画面に「チーズ」が出たらスペースキーを押し、「ネコ」が出たら何も押さない、というただそれだけの作業です。子どもたちには、「やめたくなったら、いつでもやめてかまいません」と伝えておきました。

さて、この作業をしてもらう前に、ある子どもたちには「バットマンになったつもり」という指示を出して取り組んでもらいました。すると、この指示を受けた子どもたちは、何も言われなかった子どもたちよりも20パーセントも長く作業を続けることが確認できました。

「スーパーヒーローのバットマンなら、そんなに簡単に諦めないぞ」という気持ちになると、どんなにつまらない作業でも簡単に投げ出したりはしなかったのです。

ホワイトの実験では、バットマンについて考えてもらったわけですが、別にバットマンでなくともかまわないと思います。

スーパーマンでも、スーパーガールでも、スパイダーマンでも、何でもかまいません。おそらくは同じような効果が得られるはずです。

日本人でいうと、二宮金次郎でもいいかもしれません。頑張り屋さんで、粘り強い人であれば、だれでもよいのです。

そういう**ヒーローについてしばらく考えていると、「私も負けていられない」という気持ちが生まれ、心が燃えてくるのです。**

だれにでも、「なんだか今日は気分がのらない」という日はあると思うのですが、そんなときこそ、ヒーローについて考えるという方法を試してみるといいでしょう。

どんなに苦しくとも、ヒーローなら諦めないだろうと考えていると、そのヒーローを見習って自分も頑張らなければ、という強い意欲が湧いてくるのです。

『スター・ウォーズ』のジョージ・ルーカス監督は、撮影前になると、必ず黒澤明監督の『七人の侍』を見てやる気を出していたと言われています。ルーカスにとっては黒澤明監督が偉大なヒーローなので、その人の作品を観てやる気を引き出していたのでしょう。

ポイント

やる気が出ないときはヒーローのことを考えてみる
ヒーローのことを考えると意欲が湧いてくる

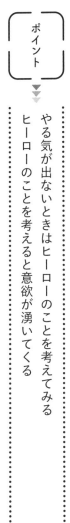

ギャンブル要素を加える

私たちは、ギャンブルが好きです。

「ギャンブルなんて嫌い」という人もいるかもしれませんが、**私たちは、絶対確実なことは面白いと感じず、不確実性が高いときのほうが、動機づけが高くなり、労力、時間、お金などをつぎ込むことが知られています。**

これを「不確実性動機づけ効果」といいます。

給料が固定されている人は、そんなにやる気が出ません。頑張ろうが、手を抜こうが、毎月の給料が同じなら、やる気を出す必要がないからです。

歩合制やコミッション制で働く人は違います。自分の報酬がどうなるのかはギャンブルの要素があって、うまくいけば報酬が増えます。そういう場合のほうが、人間はやる気になるのです。

香港大学のルーシー・シェンは、100パーセントの確率で2ドルの謝礼がもらえる実験と、50パーセントの確率で2ドル、50パーセントの確率で1ドルの謝礼がもらえる実験のどちらかを選ばせると、多くの人は後者の条件を選ぶことを明らかにしています。

普通に考えれば100パーセントの確率で2ドルの謝礼がもらえるほうがよさそうなのに、それではつまらない、と思うのでしょう。

シェンは、1・4リットルの水を飲めたら100パーセントの確率で2ドルがもらえる条件と、50パーセントの確率で2ドル、50パーセントの確率で1ドルという条件で水飲みチャレンジをしてもらったのですが、確実な条件では43パーセントしか成功しなかったのに、不確実な条件では70パーセントの人が成功することを確認しました。不確実なほうが、面白そうだと思うのか、やる気を出して取り組んでくれたという証拠です。

というわけで、**あまりやる気が出ないというか、気分がのらないことをするときには、ギャンブルの要素を組み込んでみるのはどうでしょうか。**

これは良いアイデアだと思います。

たとえば、同僚と賭けをして、仕事がうまくいったら食事を奢《おご》ってもらい、もしうまくいかなかったら逆に食事を奢る、といった条件で取り組めば、面白くない仕事も楽しくやれるかもしれません。

仕事ではなく、「○○するチャレンジ」という形にしたほうが、絶対的にやる気が出るはずです。

自分一人で取り組んでもかまいませんし、職場の同僚たちに声をかけ、コンペのような形でやってみるのもいいかもしれません。やる気が出ないときは、一度ギャンブルの要素を組み込んでみてください。

ポイント

気分がのらないときはギャンブルの要素を入れてみる
ギャンブルの要素を入れることで楽しく仕事ができる

「賭け事」について考える

将来はだれにも見通すことができません。

5分先のことでさえ、確実な予見はできません。「さすがに5分後のことくらいわかるんじゃないか」と思われるかもしれませんが、ひょっとすると2分後に心筋梗塞が起き、そのまま死んでしまうという可能性も決してないわけではないのです。

というわけで、**私たちの人生は運まかせのところがあり、何をするにしても賭けの要素がつきまといます。何をするにしても100パーセントの保証はないのです。**

どんな行動をするにしても、それがうまくいくかどうかなどだれにもわかりません。確率的に大丈夫そうだと思えても、それでも不安になってしまう人はいるでしょう。

では、どうすればそういう不安を払拭して、「よし、勝負してみるか」という気持ちになれるのでしょうか。このときにも、プライミング効果は役に立ちます。

勝負に打って出てやるという気持ちを高めたいのなら、「ギャンブル」について考えて

みましょう。カジノはどんな場所なのかをイメージしたり、パチンコや競輪で大当てして喜んでいる自分の姿をイメージしたりするのです。

アメリカにあるノースカロライナ大学のキース・ペインは、コンピュータのプログラムとブラックジャックの勝負を80回するという実験をしてみました。

ブラックジャックはトランプのカードが2枚配られ、ピッタリ21、あるいは21にできるだけ近いほうが勝ちというゲームです。ただし、21を超えてしまったら、その瞬間に負けです。

実験参加者は、自分の手札が2枚配られてから、もう1枚のカードを引くかどうかを決める前に、0・3秒だけ「ギャンブル」「賭け金」といった単語がコンピュータの画面に映し出されました。0・3秒ですから、わずかに光るのを感じるくらいで、人には知覚できません。

ところがそういう単語でプライミングしておくと、手札の合計が16とか17であっても、「もう1枚！」と勝負してしまうことがわかりました。

手札が17の場合、4のカードが出れば見事に21になりますが、その確率はあまり高くありません。5以上のカードが出てしまう可能性のほうが大きいからです。ですからもう1

枚を引かずに、17のままで勝負したほうがよいのですが、それでも引いてしまうのです。

というわけで、「ギャンブル」といった言葉は、私たちに勝負させるのに効果的なプライミング用語だと言えるでしょう。


「見込みは小さいけど、ひとつやってみるか」という気持ちを引き出したいのなら、ギャンブル関連のことを頭に思い浮かべるようにするのがよいでしょう。

もともとギャンブルが好きな人は、たえず頭の中でギャンブルのことを考えているでしょうから、そういう人は、ギャンブル以外のところでも、おそらくは勝負をするのをためらわないと思います。

たとえば、成功確率の低い仕事でも、ギャンブルが好きな人はどんどんチャレンジしてしまうのではないかと思います。それがいいかどうかは別として、少なくとも非常に行動的になれることは間違いありません。

ポイント

勝負したいときはギャンブルのことを考えると、チャレンジしたい気持ちが湧いてくる

結婚するとやる気が維持できる

モチベーションを高めるためだけに結婚するのもおかしなものですが、結婚していたほうが、モチベーションが上がるということは確実に断言できます。

アメリカにあるウィスコンシン大学のリー・ハンセンは、2403人に調査をお願いし、結婚している人のほうがお金を稼ごうというモチベーションが高く、実際に年収も高くなるという傾向を突き止めました。

独身者と既婚者を比べると、必死に頑張ろうというのは既婚者のほうが多いのです。

なぜ既婚者のほうが必死に頑張ろうとするのでしょうか。

言うまでもなく、家族を養わなければならないから。自分一人で生きていくだけですむのなら、いくらでもちゃらんぽらんにできるのですが、愛する家族を養わなければならないとなれば、これはもう必死にならざるを得ません。

男性でも、女性でも、結婚をする前にはやんちゃなことをして、遊びまわっていたのに、結婚すると人が変わったように働き者になることが少なくありません。「あの不良の○○が、こんなに変わるのか」と周囲の人が驚くほどの豹変《ひょうへん》ぶりです。

独身の頃にはいいかげんにダラダラと生活していた人でも、結婚して、父親、母親になったら、いつまでも不真面目ではいられません。家族を養うためには仕事も見つけなければなりませんし、仕事を見つけたら、必死に働かなければなりません。

私たちは、「自分のため」にはそんなにパワーは出せませんが、家族のためなら信じられないほどのパワーが出せるのです。

動物でもそうで、子どもを産むとお母さんは、わが子を守るためなら天敵にも飛びかかっていくことがあります。天敵がくると、たいていの動物は逃げますが、お母さんは違います。死んでも子どもを守ろうという気持ちがあるので、子どもを置いて逃げたりしないのです。

フランスの文豪ヴィクトル・ユゴーは、「女は弱し、されど母は強し」という名言を残していますが、結婚して強くなれるのはお母さんだけでなく、父親もそうです。

というわけで、ちゃらんぽらんな人生を送っている人は、結婚相手を見つけるのもよいでしょう。**結婚すれば、自分でも驚くほどにエネルギッシュな人間にたやすく生まれ変わることができます。**

最近は、結婚したくないという若者が増えました。それはそれでかまわないのですが、自分だけが生きていければいいという気持ちでは、そんなに力は出せないのではないかと思われます。

ポイント

家族がいるとモチベーションが高まる
私たちは「自分のため」だけだとそんなにパワーが出ない

第4章

勉強がやる気になる実践テクニック

身体を動かせば、頭の回転もアップ

いまいち頭がうまく働かないときには、ちょっと身体を動かしてみましょう。身体を動かすと、それに合わせて頭の回転もよくなるからです。

アメリカにあるメイヨー・クリニックの放射線科医であるジェフ・フィドラーは、同僚の放射線科医を集めて、椅子に座った状態、あるいはトレッドミルで時速1・6キロのペースでウォーキングしながら、レントゲン写真を見てもらうという実験をしてみました。写真にはいくつかのリスクが潜んでいるのですが、その検出率を調べたのです。

その結果、座った状態だと検出率は85パーセントです。ところがウォーキングの状態では99パーセントもの検出率になることがわかったのです。ウォーキングしながらだと、ほぼすべてのリスクを見つけ出せてしまうのですから、すごいです。

あまり動きながら仕事をするということはないと思うのですが、**身体を動かすと脳も活**

性化するのです。

同じような研究をもうひとつご紹介しましょう。

ドイツにあるユストゥス・リービッヒ大学のクリスティーン・ラングハンスは、プールサイドに置いてあるリクライニングチェアに横になってもらう状態か、あるいは自転車こぎをしてもらいながら数学の暗算をしてもらったのですが、自転車こぎをしながらのほうが計算力がアップするという結果を得ています。

「どうも仕事が行き詰まってしまった」
「もう2時間も、仕事が進んでいない」
「さっきから余計なことばかり頭に浮かんでしまう」

こんなときには、すぐに身体を動かしてください。

身体を動かさないから、頭も働かないのです。ちょっと休憩を取って、あえて遠いところにあるトイレまで行ってみるとか、近くのコンビニまで飲み物を買いに行ってくるとか、少しだけ身体を動かすのです。すると、止まっていた頭の思考力も復活すると思います。

私は、ずっと椅子に座って原稿を書いているわけですが、数時間おきに、1日に3回ほどウォーキングに出かけています。身体を動かさないと、頭も働いてくれません。

作家の村上春樹さんは、もう25年以上も毎日のようにマラソンをしているそうです。マラソンをすることで頭を回転させ、執筆意欲を高めているのではないかと思われます。私にとってマラソンはちょっとキツイので、ウォーキングにしています。

じっと座っているだけでは、頭は動きません。

デスクワークをしている人がほとんどだと思うのですが、少しでも頭の回転が鈍くなってきたと思ったら、それはもう「さっさと身体を動かせ」というサインなのです。そういうサインは敏感に受け入れましょう。休憩を兼ねて、少し動いてみてください。

ポイント

頭の回転が良くないと思ったときは運動をしてみる
身体を動かすと脳が活性化する

「何でもやってやる」という気持ちが大切

「文武両道」という言葉があります。勉強もスポーツもどちらも頑張れ、という意味なのですが、これにはきちんとした理由があります。

時間は有限であることを考えると、どちらか一方にエネルギーを集中したほうが、何となくよさそうな気もします。

「スポーツなんてやる時間があるなら、それを勉強に当てたほうがいい」

「勉強しているヒマがあるなら、練習したほうがスポーツの技能も磨けそう」

もしそんなふうに考えているのなら、それは違う、と申し上げましょう。

東大に合格する人は、部活動なんてやらずに、勉強だけを一心不乱にやっているのでしょうか。いいえ、部活動もしっかりやって、途中でやめたりせず、引退するまで頑張っている人が少なくありません。高校3年生になって引退してから、死ぬ気で猛勉強をして合格するのです。

心理学的にも、身体を動かすようにしたほうが、頭も働くことが証明されています。

ドイツにあるヨハン・ヴォルフガング・ゲーテ大学のマレン・シュミット＝カッソーは、18歳から30歳の女性１０５人に、30分のエアロビ運動をしてたっぷり汗をかいてもらってから、人生で自分が習ったことのないポーランド語の単語を80個記憶してもらいました。

その結果、運動をした後のほうが、たくさんの単語を覚えることができることがわかりました。**身体を動かすと、頭の認知機能も活性化するのです。**

部活動でたっぷり汗をかいてから勉強するのは、勉強時間は短くなるかもしれませんが、その分、記憶能率はアップするので、決してムダになどならないのです。中途半端にダラダラ勉強をするより、むしろ能率は高いと思われます。

「どうも気分がのらないな」というときには、２キロくらい全力で走ってきてもいいでしょう。その場で腕立て伏せを50回くらいやるのもいいかもしれません。身体を動かすと頭も動くからです。

バイタリティにあふれて、毎日ガンガン仕事をしている人は、「仕事だけ」をしているのかというと、そうではありません。

仕事が終わった後には、スポーツジムに行ったり、週末にはフットサルチームで汗をかいていたりします。山登りをしたり、スキーをしたり、とにかくアクティブなのです。スポーツだけでなく、地元のコミュニティのボランティア活動に参加し、いろいろなことを全力でやっています。

時間とエネルギーは有限ではあるものの、「仕事だけ」「勉強だけ」しているのが能率的なのかというと、そうではありません。むしろいろいろなことをしたほうが能率はアップするのです。

ポイント

スポーツでも運動でもとにかく何でもやってみる
いろいろなことをしたほうが能率がアップする

頭でなく、身体に覚えさせる

公演中の俳優は、何ページにもわたる台本のセリフを98パーセントの精度で正しく言うことができるそうです。公演が終了してしばらく経った後でも、台本の90パーセントを一言一句間違えずに言えたという報告もあります。

なぜ、俳優はそんなに膨大な量のセリフを記憶できるのでしょうか。相当に頭がいい人たちばかりなのでしょうか。いいえ、それは違います。

アメリカのイリノイ州にあるオーガスタナ大学のヘルガ・ノイスによると、俳優がセリフを覚えられるのは、顔の表情や身体の動きと連動させながらセリフを覚えるから。単純にセリフだけを丸暗記しているのではありません。

何かを覚えたいのなら、身体も動かしてください。身体を動かしたほうが頭によく入ってくるものです。

■表③ 演技をしながらのほうがよく記憶できる

	舞台で演技をしながら	セリフを声に出しながら	台本を読みながら
正しく覚えた割合	38%	21%	14%

（出典：Noice, H. & Noice, T., 2001より）

英語の単語を覚えるとき、たいていの人は、たとえば「migrain」（偏頭痛）という単語と意味のペアを何度も紙に書いたり、声に出したりして覚えようとするのではないかと思うのですが、これはあまりおススメできる方法ではありません。すぐに忘れてしまいます。

もっと簡単に覚えたいのなら、苦しい表情を作って、大げさに頭を抱えるようなポーズを取りながら、「うう……migraine……」とつぶやいて即興の演技をしてみるのです。このほうが「偏頭痛」という英単語をしっかり覚えられます。

俳優でなくとも、演技をしながらのほうが記憶力は促進します。

ヘルガ・ノイスは、別の実験で、劇や舞台の経験などまったくない素人の23人を3つのグループに分けて、アメリカの劇作家A・R・ガーニーの戯曲「ザ・ダイニング・ルーム」で、2人の兄弟が両親の家具の分配をめぐって口論する場面のセリフを記憶してもらうという実験をしてみました。

第1のグループは舞台で演技をしながら、第2のグループはセリフを声に出しながら、第3のグループは台本を目で読みながら、セリフを覚えました。

それからどれくらい記憶できたのかを調べてみると、前ページの表③の結果になりました。

劇や舞台の経験がない人でも、演技をしながら覚えたほうがセリフをたくさん正しく覚えることができるようです。

演技をしながらのほうが自分も楽しい気持ちになれるでしょうから、**機械の操作を覚えるのが苦手だとか、仕事の手順を覚えるのが苦手だという人は、演技記憶法をぜひ試してみてください。**

ポイント

記憶をしたいときには身体も一緒に動かす
身体を動かしていたほうが頭によく入ってくる

専門用語も、動きを加えればスイスイ覚えられる

どんな学問でも専門用語は日常語と違って、ものすごく覚えるのに苦労をします。

たとえば、「psychoneuroendocrinology」というものすごく長いスペルの英単語があります。日本語に訳すと、「精神神経内分泌学」です。こういうものを何百、何千と覚えなければならないとすると、うんざりしてしまってやる気が出ません。

法律の用語もそうです。司法試験を受けたいと思う人は、日常語とはまるで違う日本語をうんざりするほど頭に叩き込む必要があります。

たとえば、「要件事実」という用語があります。意味がわかりそうでよくわからないと思いますが、「一定の法律効果が認められるために必要な具体的事実」という意味らしいです。説明を聞いてもピンとこないかもしれませんが。

あるいは「牽連犯《けいれんはん》」という用語もありまして、こちらはどんなことを指すのか、想像するのも難しいですが、「犯罪の手段又は結果である行為が他の罪名に触れること」という

意味のようです。これでもピンとこないかもしれません。

よほどモチベーションの高い人はわかりませんが、医学用語にしろ、法律用語にしろ、専門用語を覚えるのはとても苦労するのですが、その苦労を減らす方法があります。

それは身体の動きを加えることです。

これをすると、わかりにくい用語も（ある程度は）記憶しやすくなるようです。やる気のない人におススメです。


オーストラリアにあるヴィクトリア大学のケリー・ディクソンは、解剖学を学んでいる学生に、体の部位や組織の用語を覚えてもらうとき、身振りを加えるように指示しました。

「涙腺」という無味乾燥な用語を覚えるときには、泣く真似をしてもらいながら覚えてもらったわけです。「蝸牛殻《かぎゅうかく》」という用語を覚えるときには耳の後ろに手を当ててもらったり、「前庭器官《ぜんていきかん》」という用語を覚えてもらうときには体をぐらぐらしてもらうように指示しました。

するとどうでしょう、ただ用語を覚えるグループより、身体を使って覚えてもらったグループのほうが、42パーセントもたくさん記憶することができたのです。

専門用語を覚えるときには、そのまま丸暗記しようとしてはいけません。

ほぼ確実にやる気がなくなって、挫折してしまいます。

とにかく身体を使うことがポイントです。身体を動かしていれば、無味乾燥な用語を覚えるのも、そんなに苦労を感じなくなりますし、記憶の定着率も高まるはずです。

人前で、身体を揺らしたりするのは恥ずかしいと思いますので、自宅で勉強をするときだけに限定されるテクニックではありますが、非常に効果的ですので覚えておいてください。

ポイント

覚えにくいものを記憶するときには身体を動かす
身体を使うと苦労しないで覚えることができる

熱心にやっている人の近くに座る

図書館で勉強をするときには、まず熱心にやっている人を探してください。

そして、その人のそばに自分の席を取るのです。さすがにすぐ隣に座ろうとすると、相手に警戒されてしまいそうなので、いくつか席を離してもかまいません。

熱心にやっている人が近くにいると、その熱心さは私たちにも感染します。

お互いに声をかけあったりしなくとも、「ただ近くに人がいる」というだけで、私たちはやる気が出るのです。こういう現象を「社会的促進」と呼びます。

アメリカのジョージア州にあるマーサー大学のキーガン・グリーニアは、たくさんの数字が並んだリストを見て、「4」にだけ丸を付けていくという退屈きわまりない作業を、一人で、あるいは他の人と一緒にやってもらいました。

他の人がいるといっても、親しく会話をするわけではありません。ただいるだけです。

にもかかわらず、同じ時間での作業量を比較してみると、一人のときには59・1個にしか丸を付けられなかったのに、他の人がいると75・5個も付けることができました。

私たちは、近くにだれかいるとなぜか張り切るのです。

勉強以外の作業でも同じです。だれかが近くにいると、私たちは手を抜かず、仕事に精を出せるのです。

新型コロナウイルスのパンデミックにより、社会のリモート化が相当に進みました。会社側でもムリに出社を求めず、自宅で仕事をしてよいということになったわけです。

ところが、自宅でリモートワークをすることになって、新しい問題が起きてしまうことに多くの人が気づいたはずです。自宅に引きこもって仕事をしようとすると、どうも気分がのらないというか、気分がだらけてしまうというか、やる気が出てこないのです。

会社に出ると、他の人たちも仕事をしているので、社会的促進が起きます。自分ではそんなに意識していないかもしれませんが、仕事がはかどるのです。

自宅ではそういうわけにはいきません。夫婦で同じ部屋で一緒に仕事をするのであれば社会的促進が起きるかもしれませんが、一人では起きないので、いつものように仕事ができなくなるのです。

「なんだかやる気が出ない」というときには、バリバリ働いている人のそばにいくといいです。一生懸命に働いている人のそばにいけば、いつの間にか自分の心も熱くなってきます。

頑張っている人がすぐ近くにいるのに、自分だけダラダラとするわけにはいきません。「頑張ろう！」と特別にやる気を出そうとしなくとも、頑張っている人のそばにいけば、自然にやる気がわけてもらえるのです。

ポイント

やる気が出ないときは頑張っている人に近づく
頑張っている人のそばにいるだけでやる気が湧いてくる

チームやグループで一緒にやるのもおススメ

私たちは、一人で何かをやるよりも、チームやグループのときのほうが全力を出せます。

「みんなに迷惑をかけるわけにはいかん！」という気持ちが高まるからです。自分一人ならば手を抜いてしまう人でも、他の人と一緒のときには、なかなかそういうわけにはいきません。自分でも気づかないうちに全力を出しているものです。

ドイツにあるヴェストファーレン・ヴィルヘルム大学のヨアヒム・ハフマイヤーは、1996年から2008年までのオリンピック、1998年から2011年までの世界選手権、2000年から2010年までのヨーロッパ選手権での、100メートル自由形の水泳選手199人（男性96人、女性103人）の記録を調べました。

ハフマイヤーが調べたのは、個人のときのタイムと、メドレーリレーのときのタイムです。

個人のレースのときに比べて、メドレーリレーのときのほうが、「仲間に迷惑をかけられない」という気持ちが強く働くので、それだけタイムは良くなるのではないか、とハフマイヤーは仮説を立てたのでした。

調べてみると、まさにその通りでした。公式の大会なのですから、個人のときにも手を抜いているわけではないのでしょうが、それにもかかわらず、どの水泳選手もメドレーリレーのときのほうがタイムを縮めていたのです。また、責任の多いアンカーほど、タイムを縮めていることもわかりました。

「私はすぐに手を抜いてサボろうとしてしまう」という自覚があるのなら、仕事は一人ではなく、他の人とペアにしてもらうとか、グループで協力するような仕事をさせてもらいましょう。

人類は、お互いに協力しあうことで生き延びてきました。そのため、私たちの遺伝子の中には、「お互いに協力する」という本能のようなものが、強く受け継がれています。私たちは、他の人と協力しながら生き延びてきた人たちの子孫なのです。

そのためでしょうか、他の人と仕事をするときには、手を抜くどころか、むしろ張り切る人のほうが多いのです。ハフマイヤーの研究で明らかにされたように、個人のときよりもチームのときのほうが人は頑張るのです。

人によっては「私は一人のときのほうが仕事の能率はアップする」という人もいるでしょう。もちろん、そういう人は自分一人で仕事をしてもかまいませんが、おそらくは少数派だろうと思われます。

個人でやるような仕事も、できればチームやグループでやらせてもらえるように、会社の上司にお願いしてみるのもいいでしょう。一人ではサボってしまう人でも、他の人と一緒なら、そういうこともなくなります。

ポイント

サボり癖がある人はだれかとチームになって仕事をする
だれかと一緒だと手を抜くことができなくなる

不都合な事実をあえて知る

勉強が大好きという人はあまりいません。

できれば勉強したくない、というのが大方の人のホンネではないでしょうか。

小学校で習うくらいの内容は生きていくのに最低限必要だということはわかりますが、高校の物理や数学になると、あまりに高度になりすぎて、「こんなもの、人生の役に立つのかな?」という気持ちになるのも理解できます。

けれども、勉強が嫌いな中高生に次のようなデータを示したらどうなるでしょうか。

そのデータとは、厚生労働省が公表している「令和3年賃金構造基本統計調査」です。

この調査では、最終学歴ごとの賃金の平均が示されているのですが、高卒が27万1500円、専門学校卒が28万8400円、高専・短大が28万9200円、大卒が35万9500円、大学院卒が45万4100円です。

明らかに学歴が上がるほど、給料もたくさんもらえるのです。

こういう事実を知らされると、勉強が嫌いな中高生でも、「う〜ん、やっぱりお金はほしいし、勉強しておいたほうがいいのかもな」という気持ちになるのではないかと思います。

自分にとって不都合な事実でも、そういう事実があることを知れば、やりたくないことでもやらなければならないという意欲が生まれることがあります。

ところで読者のみなさんは、砂糖がたっぷり入ったジュースは好きですか。きっと大好きなのではないかと思います。砂糖がいっぱい入っているほうが甘くておいしいですからね。「糖分を取りすぎてしまって、肥満になってしまうかもしれない」ということに薄々気づいていても、やはり甘いジュースを目の前に出されたら飲んでしまうのではないかと思います。

けれども、もし不都合な事実を知らされると、甘いジュースを飲むのも躊躇してしまうはずです。

アメリカのジョンズ・ホプキンス大学のサラ・ブレイチは、4つのお店にやってきた1

600人のお客さまに対して、甘いジュースについての不都合な事実を教えました。「体重50キロの15歳の人が甘いジュースを飲んで250キロカロリーを燃焼させるには、50分のジョギングが必要なんですよ」という事実です。

そういう事実を教えないときには、93・3パーセントの人が甘いジュースを購入していました。けれども、不都合な事実を教えた場合には、甘いジュースを選ぶ人は86パーセントへと減少しました。

「たった1本のジュースを飲んだだけで、その後に50分もジョギングをしなければならないのはイヤだなあ。ジュースはやめておこう」という気持ちが生まれたからです。

ネガティブな情報も、うまく使えば、自分のモチベーションになります。

自分にとって不都合だからといって、目をそらすのではなく、たまにはそういうネガティブ情報に接してみるのも決して悪くはありません。

ポイント

あえてネガティブな情報を集めてみる
ネガティブな情報もうまく使えば、自分のモチベーションになる

努力のルールは少しゆるめに

目標を立てるときには、あまりルールを厳しくしないほうがうまくいきます。

かりにルール通りに行動できない日があっても、たまには例外も許してあげたほうがいいのです。

カナダのトロント大学のジャネット・ポリヴィは、ダイエットをしている人は、ピザを一切れ食べただけで、もうダイエットをしても無駄だと諦めてしまい、それまでの努力をすべてやめてしまうという現象が見られることに気づき、これを「どうにでもなれ効果」と名づけました。

必死に我慢していたのに、ちょっとルールを破っただけで、とたんにすべての努力を放棄してしまうことがあります。これが「どうにでもなれ効果」です。せっかくの努力を水の泡にしてしまうのです。

禁煙中の人は、1本のタバコを吸っただけで、「禁煙なんてもうやめだ！」と諦めてしまいます。禁酒をしている人もそうで、おちょこ1杯のお酒を口にしただけで、それまでずっと禁酒していたのに、すべてをご破算にしてしまうのです。

こういう現象が起きないようにするには、あまりルールに縛られないほうがいいのです。

禁煙をしていても、たとえば他の人たちと楽しくお酒を飲むときだけは例外としておき、タバコを吸ってもOKというふうにしておかないと、「どうにでもなれ効果」が起きて、翌日から普通にタバコを吸うようになってしまいます。

「資格試験のために、毎晩勉強をする」という目標を立てても、たまには勉強ができない日だってあるわけです。残業が長引いてしまったとか、翌日使う資料作りが忙しくて勉強ができない日もあるでしょう。体調が悪かったり、風邪をひいてしまったりする日もあるでしょう。

こんなとき、**例外をあらかじめ許容しておかないと、努力それ自体をやめてしまう可能性が非常に高いのです。**ですので、あらかじめ例外をいくつも作っておき、あまり厳密にルールに縛られないようにしておくことが大切です。

例外も認めるようにしておけば、かりにルールを守れない日があっても「まあ、こんな日もあるよ」と軽く受け止めることができます。翌日に、また努力を再開させるだけですみます。

ダイエット中でも、たまにはおいしいアイスクリームを食べたくなる日もあるでしょうし、焼き肉を食べたくなる日もあります。人間なら、だれだってそうです。そういう日もあるのですから、厳密にルールを守らなくてもよいのです。「毎週、日曜日だけは好きなものを食べてよい」という特別な日をあらかじめ設けておくのもいいアイデアです。

努力を継続したいのなら、あらかじめうまくできない日があることも予想しておきましょう。そういう想定をしておけば、かりにルール通りにいかなくともまったく気にならなくなります。

ポイント

目標を立てるときは厳しくルールを決めない
ルールはゆるくしておいたほうがやる気が持続できる

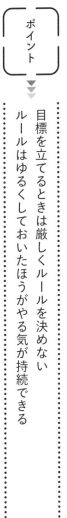

アドバイスをもらうのではなく、する

やる気を出したいのなら、アドバイスを「もらう」のではなく、「する」ようにするといいでしょう。

先輩にやる気の出し方を「聞く」のではなく、後輩にやる気の出し方を「教え」てみてください。そのほうが絶対にやる気が出てきます。

アメリカにあるペンシルベニア大学のローレン・エスクライス＝ウィンクラーは、中学生318人に実験に参加してもらい、154名には、小学4年生に向けて勉強のアドバイスを書いてもらいました。こちらはアドバイスを「する」グループです。残りの164人は、教師からやる気の出し方のアドバイスを受けるグループでした。こちらは「もらう」グループです。

それから1週間ごとの自宅での勉強時間を測定してみると、アドバイスを「する」グループのほうが長い時間勉強していることがわかりました。

アドバイスはもらうのではなく、「する」のが正解です。

人にアドバイスをしなければならないと、私たちは真剣にその内容について考えます。抽象的ではなく、できるだけ具体的な内容を伝えなければ相手にわかってもらえません。どうすれば相手に理解してもらえるのかを真面目に考えているうちに、自分でもやり方を深く理解できるようになるのです。

私たちは、先輩や上司がせっかくアドバイスをしてくれても、どこかで心理的な反発を感じて、「なんだよ、うるせえなあ」としか思いません。

ところが、自分でアドバイスをしなければならない立場になると、相手に理解してもらうために、真剣に考えるのです。

新入社員の頃にはどうやってもやる気が出てこなかったのに、入社して数年経ち、部下や後輩ができたとたん、なんだかやる気が出てきたという人も少なくないでしょう。

なぜそんなことが起きるのかというと、自分がアドバイスをしなければならない立場になったからです。

新人でアドバイスをもらっている立場のときには、やる気が出ないのです。これはだれでもそうでしょう。意見や考え方や、仕事のやり方を教えてもらうときには、私たちはそれを「押しつけ」と感じるので、余計にやる気が出ないのです。

自分がアドバイスを与えなければならない立場になると、仕事について真剣に考えるようになります。いいかげんなことを教えるわけにはいかないので、仕事への取り組みの真剣さが高まります。それでやる気が出るのです。

もし現在、読者のみなさんが仕事のやる気が出ないのだとしたら、それは他の人からアドバイスをもらおうとしているからではないでしょうか。

逆のことをしてみてください。「私もそんなにうまくできないので、偉そうに聞こえたら申し訳ないんだけど……」と前置きして、どんどんアドバイスをする側になるのがやる気を出すコツです。

ポイント

やる気を出したいのなら、後輩にアドバイスをする
アドバイスを「する」側になるとやる気が出る

晴れがましい自分の姿を見る

人を前向きな気持ちにさせ、意欲や野心を高めるホルモンのひとつにテストステロンがあります。

つまり、エネルギッシュな人間になりたいとか、今すぐにやる気を出したいのなら、テストステロンをどんどん分泌すればよい、ということになります。

では、どうすればそんなに都合よくテストステロンが出せるのでしょうか。

そのヒントを教えてくれるのが、カナダにあるブロック大学のジャスティン・カーレの研究です。

カーレは、スポーツの勝者は試合後にテストステロン濃度が高くなっている傾向があることに気づき、ひょっとしてただ試合を見るだけでもそうなるのではないか、と考えました。

そこで23人のプロのアイスホッケー選手を集め、以前に自分が出場した試合で勝ったときのビデオ（あるいは負けた試合のビデオ、またはまったく無関係なビデオ）を、60分間見てもらったのです。

すると、自分が勝った試合のビデオを見たときには、テストステロン濃度が40パーセント以上も上昇することがわかりました。

負けた試合を見たときにも、なぜかテストステロン濃度は上がったのですが、その上昇率は18パーセントとやや低くなりました。ちなみにまったく無関係なビデオを見てもテストステロン濃度は上がりましたが、上昇率は6パーセントでした。

テストステロンを出したいのなら、晴れがましい自分の姿を見るとよいと言えそうです。

アルバムをひっくり返せば、小学校のときの徒競走で1位を取ったときの写真であるとか、部活動で何かの表彰を受けたときの写真であるとか、何かしら見つかるのではないかと思います。そういう写真のデータはスマホに保存しておき、やる気を出したいときに眺めてみるとよいかもしれません。

だれにとっても、探せばひとつくらい「このときの自分は最高に輝いていた」という写真が見つかると思います。いつもは写真写りが悪いのに、たまたま親が撮ってくれた奇跡の一枚の写真があれば、それを眺めるようにしてみましょう。

自分が満面の笑みで喜んでいる動画などがあれば、それもモチベーションアップの小道具として利用しましょう。会社で行われたコンペで、たまたま自分が優勝したときには、ぜひ輝かしい自分の姿を写真や動画で記録しておくべきです。

そうすれば、気分が落ち込みそうになったり、やる気が出なくなってきたりしたときに、いつでも使うことができます。

自分が最高に輝いていたときの写真を見ていると、その当時の気持ちを追体験することができ、テストステロンがどんどん分泌されるでしょう。するとと不思議なくらいに心にエネルギーが湧き上がってくるものなのです。

ポイント

自分が最高に輝いていたときの写真を見る
そうするとテストステロンが分泌されすぐにやる気になる

第5章

行動できない人のための心理学

つらいと感じることは、他の人と一緒にやる

サウナに行くとき、一人のときよりも友人と一緒のときのほうが、サウナに長く入っていられると感じることはありませんか。

ウォーキングをするとき、一人で黙々と歩くよりも、友人とおしゃべりしながらのほうが長い距離をそんなに苦しくもなく歩けると思いませんか。

結婚式の定番の祝辞として「結婚は悲しみを半分に、喜びを2倍にしてくれます」というものがありますが、これは本当のお話です。つらいことも、だれかと一緒ならそんなに苦痛を感じることはありませんし、楽しさは2倍になります。

ドイツにあるマックス・プランク研究所のレベッカ・クーメンは、5歳から6歳の104人のドイツ人の子どもと、103人のケニア人の子どもを集めて、おいしそうなクッキーを見せ、しばらく食べるのを我慢できたらもう1個あげる、という実験に参加してもらいました。

■表④ つらいことでも2人ならわりと耐えられる

	一人で我慢	2人で協力して我慢
1分以内に食べてしまった	27.9%	24.3%
少し待ったが食べた	45.6%	27.1%
最後まで我慢できた	26.5%	48.6%

（出典：Koomen, R., et al.,2020より）

その際、一人で我慢する条件と、2人で協力して我慢する条件が設けられました。上の表④を見てください。一人のときよりも、2人のときのほうが長く我慢できることがわかります。

つらいことを一人で我慢するのはかなり過酷なことですが、自分と一緒に我慢してくれる人がいると、最後まで我慢できるのです。

「どうにもしんどい」と感じることは、他の人を誘って一緒にやりましょう。そのほうがおそらくうまくいきます。

一人での残業は苦痛でしかありませんが、だれかと一緒ならそんなにつらくありません。中高生の頃、文化祭の準備を夜遅くまでしていても、他のクラスメートと一緒だと苦しいどころか面白くてしかたがなかったはずです。

もちろん、こちらが相手を誘ったときには、次に相手が苦しい状況のときにはこちらが相手に付き合ってあげなければなりません。

人間関係というのは、ギブ・アンド・テイクで成り立っているので、相手に付き合ってもらってばかりでは、相手もそのうちイヤになってしまうでしょう。

こうやってお互いに助け合いながら仕事をすると、どんなにつらい仕事でもけっこう何とかこなせるものです。

ポイント

つらいことをするときはだれかを誘ってやる
だれかと一緒だと我慢することができる

習慣化しておく

毎日の行動というものは、習慣化してしまえば意志力を必要としなくなります。いちいちやる気を出そうとしなくてもよいのです。

毎食後に歯みがきをしている人は、「歯みがきをしようかな」と思う必要はありません。食事をしたら、何も考えずに歯みがきをするでしょう。

毎日、勉強している人は、「勉強をしなければならない」などと考えません。ごく淡々と、いつものように勉強をするものです。勉強をする時間がくれば、いつものように椅子に座って本を読み始めるでしょう。

東大に合格するような人に、「どれくらい勉強しているのか？」と聞いてみると、「私はそんなに勉強をしていない」という答えが返ってきます。

そこで、「それじゃあ、毎日何時間くらい勉強するの？」と聞いてみると、平日は5時間、週末は10時間などと答えるのです。毎日勉強するのが当たり前になっている人にとっては、5時間くらいの勉強は勉強にならないのでしょう。

いったん習慣化してしまえば、やる気を出そうとしなくてすみます。やりたくないことほどさっさと習慣化してしまったほうがいいのです。身体を鍛えることとか、勉強とか、仕事とか、やりたくないことほど習慣化してしまいましょう。

イギリスにあるノッティンガム大学のイーモン・ファーグソンは、630人の献血をした人を調べたところ、献血を5回以上すでに経験している人は、他の人が血を抜かれすぎてふらふらしている姿を見ても、「献血をやめようかな?」などとためらったりせず、献血をするそうです。すでに何度も経験している人は、「献血」という看板を見ると、無意識のうちに献血ができるようになるのです。

では、どうすればイヤな行動を習慣化できるのかというと、**とにかく習慣化されるまでは連続して取り組まなければなりません。やったり、やらなかったりしていると、なかなか習慣化できないので、最初は苦しくても連続して行いましょう。**

早ければ3週間ほどで習慣化されます。そうすればしめたもので、それ以降はいちいちやる気を出そうとしなくても、勝手に行動ができるようになります。

習慣化するにもたくさんのコツがあるのですが、習慣化のコツを知りたいという人は拙著『「習慣化」できる人だけがうまくいく。』（総合法令出版）を参考にしてみてください。数多くのテクニックを網羅しておりますので、習慣化するのが苦手な人にもきっと役に立つと思います。

ポイント

習慣化してしまえばやる気は関係なくなる
とにかく3週間続けてみる

「死」について考えると、親切になれる

他人のために行動できない人がいます。

他人のために自分の労力や時間を費やすと、なんだか自分がソンをしたように感じてしまうのでしょう。自分がソンをするなんてとんでもない話だ、と考えてしまうのです。

こういうケチな人は、「死」について考えてみるといいです。

なぜかというと、**死について考えていると、私たちは寛大な気持ちになれるからです。**

これを心理学では「スクルージ効果」と呼んでいます。

スクルージとは、ディケンズの小説『クリスマス・キャロル』に出てくる主人公の名前です。守銭奴《しゅせんど》でケチん坊のスクルージですが、「死」について考えることで、寛大になっていくのです。これがスクルージ効果です。

ドイツにあるルードヴィッヒ・マクシミリアン大学のエヴァ・ジョナスは、葬儀場の前、

■図② 「死」について考えると、人は寛大な気持ちになる

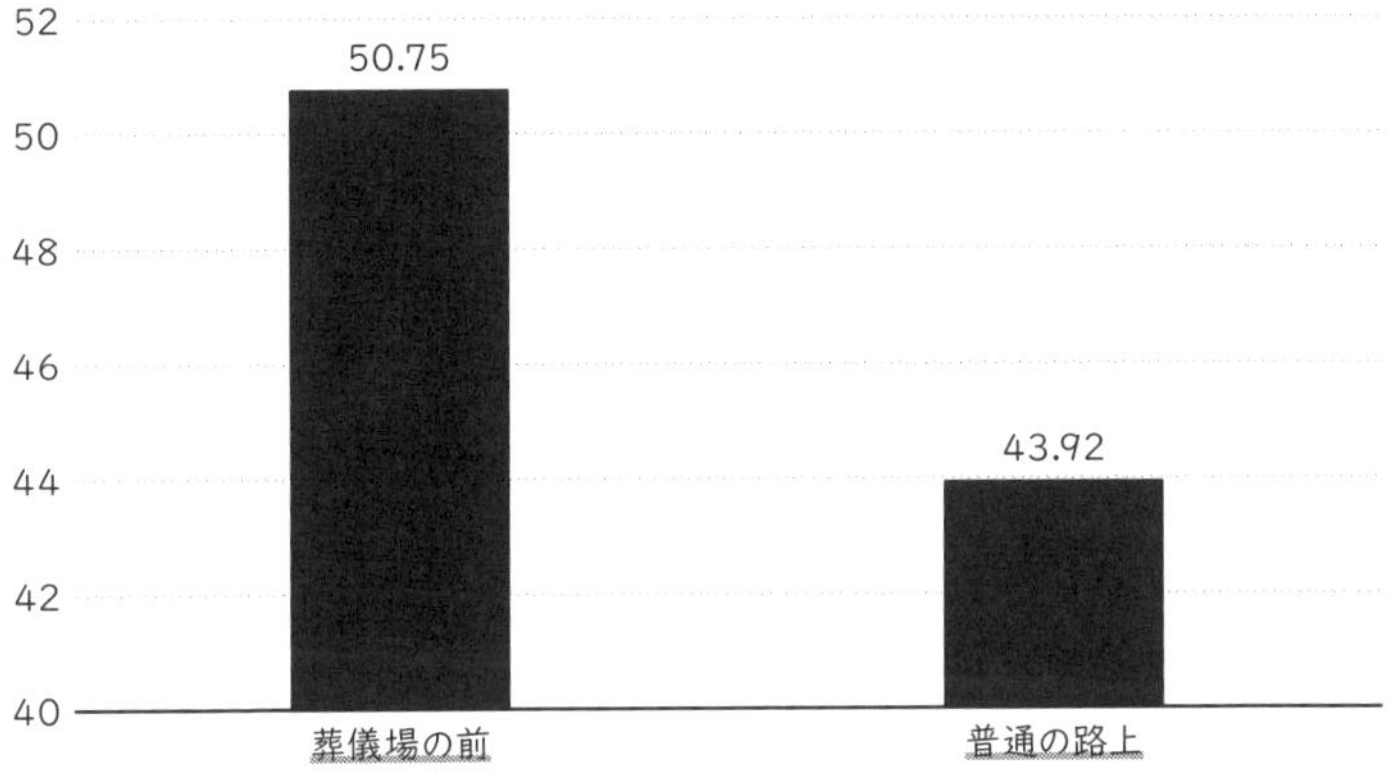

＊数値はチャリティについての好意的な評価

（出典：Jonas, E., et al., 2002より）

あるいは何の変哲もない場所で、一人で歩いている歩行者に声をかけ、チャリティ活動についてのアンケートをお願いしてみました。

なぜ葬儀場の前かというと、無意識のうちに「死」についてのイメージが自然と高まる場所だからです。そういう場所では、スクルージ効果が起きるだろうとジョナスは仮説を立ててみたのです。

実験をしてみると、まさにジョナスの仮説通りでした。

上の図②を見てください。葬儀場の前でアンケートに答えてもらったときのほうが、「チャリティは素晴らしい活動だ」「チャリティはどんどんやったほうがいい」という好意的な答えが多く見られたのです。

自分のことばかり考えて、他の人に親切な行動をなかなかとれない人は、「死」について考えてみてください。

「死んだら他の人に親切にしたくても、できないな」と考えているうちに、自然と慈善の気持ちが強くなるはずです。

ポイント

他人に親切にできない人は死について考えてみる
死について考えると寛大な気持ちになる

笑いながら取り組んでみる

つらい作業をしなければならないときには、あえてニコニコしてみるといいです。

ニコニコしながらやっていると、どんな作業もそんなに苦しく感じません。

お風呂掃除や、庭木の手入れなどをしなければならないとき、「やりたくない」と思うのであれば、まずは笑ってみてください。「アハハハハ、庭の雑草とりをしなきゃいけないのか、イヤだなぁ、やりたくないなぁ、アハハ」と笑ってみるのです。やりたくないという感情とは矛盾するようなことをするわけですが、ニコニコしてから取り組むようにすると、何だか愉快な気持ちになってくるでしょう。

アメリカのマサチューセッツ州にあるクラーク大学のジェームズ・レアードは、しかめっ面をしていると怒りの感情が湧き、にこやかな笑顔をしていると、気分が高揚してくることを実験的に確認しています。

私たちの脳みそは、笑顔を作っていると、「何か楽しいことがあったに違いない」と考えて、ハッピーホルモン（オキシトシンやドーパミンなど）をどんどん分泌し始めます。そのため、本当に楽しい気持ちになっていくのです。

私たちの気分というものは、自分がどんな表情をしているかによって影響を受けます。しかめっ面をしていると、何だかムシャクシャしてくるものですし、ニコニコと微笑んでいると愉快な気分になってくるのです。

やりたくないことが目の前に控えているのなら、とりあえず1分ほど笑ってみることをおススメします。楽しくなくても「アハハ……」と笑っていると、次第に愉快になってきて、苦しさを感じにくくなるからです。私たちの脳みそは、簡単にだませるのです。

せっかく何時間もかけて作った資料のデータが全部消えてしまったとしましょう。もう一度同じ作業をしなければならないと考えると、だれでもうんざりした気分になるのではないでしょうか。

けれども、こんなときにこそ笑うのです。「また一からやり直しだよ。もう笑うしかないよね。アッハハハ、まいった、まいった、アハハハハ」と笑っていれば、「さてと、それじゃまたやるか」という気持ちが生まれます。

仕事がイヤで、出社するたびに気分が落ち込んでしまう人は、会社に到着する少し前から、笑顔を作りましょう。笑顔を保ちながらオフィスに入り、職場の人たちににこやかな顔で「おはようございます〜す」と明るい声で挨拶していれば、自然に仕事のやる気も出てくるのではないかと思われます。

ちなみに、いつでもニコニコしていると、そのうちに笑顔の表情が顔にはりつくようになります。自分でも意識しなくても笑顔になっているのです。こうなればしめたもので、わざわざ笑顔を作ろうとしなくとも、いつでもハッピーホルモンが分泌されるようになります。

ポイント

つらい仕事のときはあえて笑ってみる
笑いながら仕事していると楽しくなってくる

友人について考えてみる

他人に親切にできない人は、自分がもっとも親しく付き合っている友人について考えてみるのもいいです。

「死」について考えていると、人はやさしい気持ちになるというお話をしましたが、「友人」のことでもかまわないわけです。

アメリカにあるニューヨーク大学のグライン・フィッツサイモンズは、空港の出発ロビーに座っている33名の旅行者に声をかけ、1分ほどで終わる調査に協力してもらえないかとお願いしました。

引き受けてくれたら、ある人には「あなたの友人について教えてください。どんな風貌で、どんな趣味を持っているかなど、知っていることを何でも話してください」とお願いしました。他の人には、友人ではなく、会社の同僚について話してもらいました。

1分の調査が終わったところで、さらに厚かましいお願いをしてみました。「10分から

■表⑤　友人について考えると人はやさしくなる

	友人について考えた	同僚について考えた
OKしてくれた	9人	3人
NOと拒絶した	8人	13人

（出典：Fitzsimons, G. & Bargh, J.A., 2003より）

15分かかってしまう別の調査もあるのですけれども、そちらにも協力してもらえると嬉しいです」と申し出たのです。

すると、上の表⑤を見てください。「友人」について考えてもらったグループのほうが、快く引き受けてくれることがわかりました。

「他の人のために親切なんてしたくない」と自分のことばかり考えてしまう人は、どんな人に会うときでも、自分の一番の友人について空想しておくといいでしょう。そのほうが、やさしい気持ちで接することができます。

出会う人すべてに親切にすると、みなさんの株はものすごく上がります。人間関係も円満になりますし、相手と衝突するようなこともなくなります。人間関係での悩みがなくなれば、人生も楽しくなるはずです。

親切なことをすることで、自分がソンをしたように感じてしまう人もいると思うのですが、決してソンにはなりません。出会う人が自分のファンになってくれて、他の友人なども紹介してくれて、人脈がどんどん膨らんでいくのですから、ソンをするどころかプラスなはずです。

他の人たちと食事をするときにも、自分の一番の友人のことをちょっと考えてみると、ワリカンをするときにも自分が少しだけ多く出そうという気持ちになります。そういう人は、だれからも嫌われることがありません。

ポイント

他人に親切にできない人は友人について考えてみる
友人について考えると優しい気持ちになる

やる気が出ないのは、上司のせい？

上司や先輩が嫌いだと、私たちは無意識のうちに仕事の手を抜きます。嫌いな人のために頑張ろうとはしません。

したがって、**もし仕事のやる気が出ないのだとしたら、自分が悪いのではなく、上司や先輩が悪い、ということも十分に考えられるわけです。**

アメリカにあるロチェスター大学のジェフリー・ウィリアムズは、高血圧、更年期障害、甲状腺機能亢進症《こうしんしょう》などのさまざまな病気を抱えていて、月に1度は必ず病院にお薬をもらいにくる126人の外来患者（平均56・3歳）に、自分の担当のお医者さんについてどう思っているのかを聞いてみました。

また、2週間、お医者さんの言うことをきちんと守ってお薬を飲んだのかどうかも調べてみました。

その結果、「担当のお医者さんが嫌い」と感じる患者ほど、薬を飲まなかったり、勝手に飲む薬の量を減らしたりすることがわかりました。

私たちは、自分が嫌いな人の言いつけを守らないのです。心のどこかで抵抗を感じるからでしょう。

読者のみなさんは、上司や先輩にどのような感情を持っているでしょうか。

もしネガティブな感情を持っているのだとしたら、仕事のやる気が高まらないのはしかたがない、という面はあります。私たちは、自分の嫌いな人の言うことなど聞きたくもありませんし、自分でも気づかないうちに仕事をサボったり、手を抜いたりして、上司や先輩に対して嫌がらせや復讐をしようとするのです。

患者が、嫌いなお医者さんの言いつけを守らないのも同じ心理です。

上司や先輩は自分では選べないとしても、ダラダラと仕事をしていたら、みなさんの評価は悪くなってしまうでしょう。

ですので、かりに嫌いな上司に当たってしまったとしたら、もうそれはしかたがないとさっさと諦めて、せめて嫌悪感は抱かないようにしましょう。

「嫌悪感はなくせるのでしょうか？」と思う人がいるかもしれませんが、もちろんできます。欽ちゃんこと、萩本欽一さんは、仕事で嫌いな人に出会ったときには、「好きなほうじゃない」と考えるのだそうです。このように考えてみるのも面白いです。

「嫌い」と思ってしまうと、仕事のやる気が出せませんが、「好きなほうじゃない」と思えば、まだ耐えられるのではないかと思います。読者のみなさんも、ぜひこの欽ちゃんの考え方を真似てみてください。

ポイント

上司や先輩が嫌いだと私たちはやる気をなくす
嫌悪感をなくす方法を考えてみる

文句を言いながら取り組んでもよい

舌の根も乾かぬうちに反対のアドバイスをすることになってしまいますが、**やりたくもない作業をしなければならないときには、文句を言いながら取り組むのもよいでしょう。**

なぜなら、笑顔でやるときと同じように、こちらも効果的であることが科学的な研究で明らかにされているからです。

「チクショウ、負けねえぞ」
「クソッ、まだこんなに残ってるのか」
「この野郎、ぶちのめしてやるからな」

こういう下品な言葉を口に出していると、やる気も出てくるのです。

「怒り」というのは、言ってみれば、人を積極的にさせるエネルギーでもあります。ですので、モチベーションにも転化できるのかもしれません。

■表⑥　下品な言葉は、人を我慢強くする

	男性	女性
ののしり言葉あり	190.63秒	120.29秒
ののしり言葉なし	146.71秒	83.28秒

（出典：Stephens, R., et al., 2009より）

イギリスにあるキール大学のリチャード・ステファンズは、「ののしり言葉」を口にしていると、人は我慢強くなることを実験で明らかにしています。

ののしり言葉というのは、外国の映画の登場人物が口にすることが多いのでわかると思いますが、「シット」（ウンチのことです）とか「アス」（お尻のことです）といった表現を指します。

ステファンズは、67人の大学生を2つに分け、半数にはののしり言葉を口に出してもらいながら、冷たい水に手を入れて最大5分間我慢してもらいました。残りの半数はただ黙って冷たい水に耐えてもらいました。

限界まで耐えてもらい、その時間を測定してみると、上の表⑥の結果になりました。

女性は男性に比べて上品ですので、あまりののしり言葉を使わないようなイメージもあるのですが、男性と同じようにののしり言葉を口にしているときのほうが、つらいことに耐えられるようです。

ののしり言葉の効果は、男性だけでなく、女性にも発揮されるのです。

周囲に人がいるところで、なかなかののしり言葉を口にするのは難しいと思うのですが、自分の他にだれもいないときとか、自宅で作業をしているときなどは、こういう方法を試してみるのも面白いかもしれません。

ポイント

嫌いな仕事のときは文句を言いながら取り組んでみる
「怒り」のエネルギーが行動に転化することがある

第6章

仕事に前向きになれる心理学

社内イベントを復活させる

かつての日本企業には、いろいろなイベントがありました。

たとえば、お花見をしたり、紅葉狩りに出かけたりしました。社内運動会をする会社もありました。最近は、経費削減のためなのか、そういうイベントは年々縮小しているようですが、これはとても残念なことです。

その理由は、**私たちは、「会社の一員だ」という気持ちがあるほど、やる気が出るからです。**

アメリカにあるミズーリ大学のティエラ・フリーマンは、238人の大学生について調べ、「私はクラスの一員だ」という所属感を感じる学生ほど、やる気を出して成績がよくなるという報告をしています。

では、どうすれば、そういう「一体感」を感じられるのかというと、みんなで同じ行動を取ればいいのです。

昔の日本企業でよく見られたように、みんなで酔っぱらって歌を歌ったり、踊ったりしていれば、自然と一体感は生まれるのです。

アメリカにあるスタンフォード大学のスコット・ウィルターマスは、軍隊や教会、あるいは地元のコミュニティにおいて、一緒に歌を歌ったり、踊ったりするのは、「メンバーの一体感を高める」ことに役立っているのではないかと考えました。

この仮説を検証するため、ウィルターマスは、学生に何人かのグループを作ってもらい、一緒に歩調を合わせてキャンパス内を歩いてきてもらうとか、音楽に合わせて踊ってもらうという実験をしてみましたが、**みんなに同じ行動を取らせると、たしかに心理的な絆が強まることが確認できました。**

というわけで、社員みんなで楽しく参加できるようなイベントを考えてみましょう。

社員みんなで協力して、夏祭りを開催してみるのはどうでしょうか。社員全員で協力して縁日の屋台を開いてみたり、やぐらの周りでみんなで盆踊りしてみたりすると、お互いの一体感が高まり、会社への所属意識も高まり、それが仕事へのモチベーションアップに役立つかもしれません。

余計な経費を削減するという目的で、社内旅行も社内運動会も、その他のイベントもどんどん減っていくという時代の流れとは逆行するアドバイスになってしまいますが、社員が参加できるイベントはむしろ増やすべきなのではないでしょうか。

「社内のイベントなんて、めんどくさいだけ」と思う人がいるかもしれませんが、実際にイベントに参加してみると、「あれっ、けっこう面白いかも?」と思うことは少なくありません。若者はそういうイベントを嫌う、と指摘する識者もおりますが、そんなことは決してありません。みんなで歌ったり、踊ったりするのは、実際にやってみるとものすごく面白く感じるものなのです。

ポイント
私たちは会社の一員と感じるとやる気が出る
社内イベントを使って仕事へのやる気を高める

陽気さは双方向で働く

『不機嫌な職場〜なぜ社員同士で協力できないのか』（講談社現代新書）という本があります。イライラ、ギスギスしている雰囲気の職場は、近年は非常に多くなっている傾向にあるのです。

では、そういう不機嫌な職場は変わることができないのかというと、そういうわけではありません。まず自分が職場のムードを変えるように心がければ、職場の雰囲気はどんどん変わってくるものだからです。

職場の雰囲気というものは、お互いに影響し合って生まれます。だれかが気持ちの良い職場にしようと動けば、周囲の人たちも少しずつではあっても変わっていくでしょう。人間の影響力というものは、一方的なものではなく、双方向で働くものだからです。

ドイツにあるルートヴィヒ・マクシミリアン大学のアン・フレンゼルは、小学5年生から高校1年生までの1643人名の生徒と、担任を持っている69人の先生を長期的に研究させてもらいました。

その結果、学期のはじめに、先生が陽気に振る舞って楽しいクラスづくりを心がけると、4週間後の調査で、生徒たちは「先生はやる気がある」と感じていることがわかりました。先生の雰囲気が、生徒のやる気を引き出したのです。

また、フレンゼルは、先生にも学期のはじめに、「あなたのクラスの生徒は陽気な人が多いと思いますか？　楽しそうにしているように見えますか？」と聞いてみました。すると、生徒が楽しそうだと感じるほど、先生もやる気が出てくることがわかりました。つまり、生徒の雰囲気も、先生に影響を及ぼしていたのです。


結局、クラスの雰囲気というものは、先生だけでつくられるものではなく、生徒だけでつくられるものでもなく、お互いに双方向的に決まってくるものなのです。

クラスづくりも職場づくりも同じです。

不機嫌な職場は、だれか一人の責任で不機嫌な職場になっているのではありません。クラスでいうと問題児、職場でいうとトラブルメーカーが一人いて、その人が原因ということも考えられなくはありませんが、そういうケースはまれです。

というわけで、**職場の雰囲気は、みなさんの努力次第でいくらでも変えることができます。**「なんだか職場の雰囲気が悪い」と感じるのなら、まずは自分が率先して明るく振る舞うようにしてみてください。

自分から冗談を言ったりするのが苦手なら、第一生命保険がやっている「サラリーマン川柳」をネタにして、職場の人たちに紹介してみるのはどうでしょう。

「店員が　手取り足取り　セルフレジ」
「若作り　したのに通る　シニア割」

こんな感じのことを周囲の人たちに話すようにしていると、職場の人たちもゲラゲラと笑うようになって、陽気な職場になっていくのではないでしょうか。

ポイント

会社の雰囲気が悪いときは自分が率先して明るく振る舞う
職場の雰囲気は自分の努力次第で変えることができる

とりあえず、もっと知り合いを増やす

読者のみなさんは、職場にどれくらい知り合いがいるでしょうか。

だれとも挨拶することもなく、そのままオフィスに入って、まっすぐに自分のデスクに向かい、黙々と仕事をして帰宅をするだけ、というのはあまりよくありません。なぜなら、仕事が楽しく感じられないからです。

「いちいち挨拶するのなんてめんどくさい」

「他の部署の人と知り合いになっても意味がない」

「仕事以外のことは、一切したくない」

もしそんなふうに考えているのなら、その考えを改めてください。今すぐにです。

知り合いは多ければ多いほど良いのです。なぜなら、そのほうが会社に行くのも面白くなりますし、やる気も出るからです。

アメリカのオレゴン州にあるポートランド州立大学のトーマス・キンダーマンは、小学6年生340人にどれくらい友だちがいるのかを聞いてみました。また、クラスの担任13人に、一人ひとりの生徒について「この生徒は頑張り屋だと思うか？」と尋ねました。

その結果、友だちの数と頑張り屋さんかどうかには、見事な比例関係が見られました。友だちが多いほど、学業に対しても前向きでやる気があると先生からの評価も高かったのです。

友だちを増やすことと、学業には一見何の関係もなさそうに見えますが、実はものすごく大きな関係があるのです。

学校に、あるいはクラスに友だちがいれば、学校に行くのも楽しみになります。そして学校に行くのが楽しみになると、そこで友だちと一緒にやっていること、つまり勉強も面白くなるのです。

友だちが一人もいないという人は、まず学校に行きたくありません。当然、勉強も面白く感じません。ですので、まずは勉強はどうでもいいので、友だちを増やすべきなのです。勉強は「おまけ」でいいのです。友だちが増えれば、学校に行くのが面白くなりますし、そのうち勉強も面白くなってくるでしょう。

仕事もそうです。たとえ他部署の人であろうが、守衛さんであろうが、受付の人であろうが、だれに対しても明るく挨拶をしてください。毎日必ず挨拶していると、そのうち相手からも挨拶をしてくれるようになります。

そのうち一言、二言会話をするようになります。「今日も暑いですね」といったたわいもない会話にすぎませんが、それでも人とおしゃべりすることは楽しいので、その楽しさが仕事への取り組みにも影響するのです。

とりあえず知り合いを増やしましょう。うわべの付き合いでまったくかまいません。知り合いが増えれば増えるほど、会社に行くことが苦痛に感じなくなると思いますよ。

ポイント

知り合いが多いとやる気が出る
うわべの付き合いでもいいので知り合いを増やす

所属の意識がモチベーションにつながる

自分が勤めている会社を好きになりましょう。自分の会社のことを悪く言う人もいますが、そういう人はやる気は出ません。仕事をするのもつらくなります。

会社の悪口を言うのは、自分で自分の首を絞めるような行為ですので、やめたほうがいいのです。

「素敵な会社に勤めることができて、私は幸せ者だ」
「大好きなことをさせてもらって、お金までもらえるなんて私は果報者《かほうもの》だ」
「生まれ変わっても、またこの会社に勤めたいものだ」

こんな感じのことをいつでも口に出しましょう。「ウソから出たまこと」という言葉がありますが、ウソでもずっと言い続けていると、本当に会社のことが好きになってくるものです。

オーストラリアにあるメルボルン大学のケリー・アレンは、学校への所属意識が、学業への意欲に影響することを調べた51本の論文を総合的に分析し、所属意識が高いほど意欲も高まることを明らかにしました。

世間から一流と見なされている学校に入学できた生徒は、その学校の生徒であることを誇りに思います。そして、「私は〇〇高校の生徒だ」という所属意識を強く感じるのです。すると、そういう生徒は学業への意欲も高くなるのです。

おそらくは会社でも同じような現象は見られるでしょう。

一流と呼ばれる企業に就職できた人ほど、「私は〇〇社の社員だ」という誇らしい所属意識を強く持つでしょうし、仕事へのモチベーションも高くなるはずです。

もちろん、一流企業の社員でなければ所属意識を感じられないかというと、そんなことはありません。結局は本人の思い込みでよいのですから、どんなに小さな会社であっても、「自分にとっては最高の会社だ」と思うことができるのなら、やはりモチベーションは高くなるだろうと予想できます。

会社を好きになれば、やる気も出ます。

イヤな会社のためには働きたくない人でも、好きな会社のためであれば身を粉にするのも厭《いと》わないでしょう。どんな仕事であっても、好きなことなら人は疲れを感じません。残業だってへっちゃらです。

常日頃から、会社のことを良く言いましょう。自分の会社のことなのですから。他の人に自分の会社のことを言うときには、「最高」「天国」「楽園」といった、最大級の賛辞を使うようにしていれば、本当に会社のことを好きになれます。

ポイント

学校や会社が好きになるとやる気が出る
ウソでもいいので言い続けると本当に好きになる

自分のやり方でできるよう、交渉する

上司に何かを命じられて仕事をするのは、苦しいものです。

かりに強制されたわけではなくとも、私たちは上司からの命令を「押しつけ」と感じてしまうのです。

したがって、他の人から指示や命令をされたときには、自分なりのダンドリでやらせてもらうとか、自分なりのやり方でまかせてほしいと交渉してみましょう。いつでも交渉がうまくいくわけではありませんが、自分のやり方でやってよいのであれば、そんなに「押しつけ」だと感じません。自分の好きなようにやってよいわけですから。

アメリカのニューヨークにあるフォーダム大学のポール・バードは、59人の銀行員を対象にした調査で、「自分のやり方を許してもらえない」ときにやる気が減少してしまうという結果を得ました。

私たちは、奴隷のように完全に命令に従わなければならないと思うと、心理的反発を感じてやる気をなくすのです。

上司やクライアントに無理難題を吹っかけられたときには、「わかりました。ですが、自分のやり方でやってもかまいませんか？」と間髪を入れずにこちらからも何らかの要望を出してみることをおススメします。

ほんの少しでもかまいません。自分なりのペースで仕事をしてよいとか、やり方をまかせてもらえるのなら、心理的反発はそんなに起こらないのではないかと思われます。

自分のやり方を認めてもらえなかったとしても、自分にとって何らかの利点というか、「うまみ」を得られるように交渉するのもよいでしょう。

「わかりました。○○部長のおっしゃる通りにやってみます。ですが、この仕事が終わったら、夕飯でもおごってくださいよ」とお願いしてみるのは少しもおかしなことではありません。あまり図々しいお願いですと拒絶される可能性もありますので、「一杯おごってもらう」とか「スターバックスでおいしいラテをごちそうになる」くらいにしておくのが無難だとは思いますが。

上司は上司で、本当はみなさんに仕事を押しつけるのが心苦しいのです。本当はやらせたくない仕事なのかもしれません。そういう仕事は命じるほうにも罪悪感があります。

ですので、部下のほうから「たまには一杯おごってください」と言われると、少しは罪悪感が薄れるので、喜んで「わかった、わかった」と言ってくれる確率は相当に高いと思われます。ふてくされた顔で仕事をしぶしぶ引き受けてもらうよりも、ニコニコと微笑みながら交渉してくる部下のほうが、上司としては気がラクなのです。

ポイント

私たちは命令されると苦痛を感じる
自分のやり方でできないか交渉をしてみる

自主性がやる気を高める

２０２２年のサッカー・ワールドカップで日本代表を率いた森保一監督は、監督に就任してから一貫して「選手の自主性」を尊重するチームづくりを行いました。そのためでしょうか、強豪ドイツとスペインを撃破するなど、素晴らしい成果を残すことができました。

ＷＢＣで日本を率いて、３大会ぶりに世界一に導いた栗山英樹監督もそうです。栗山監督は、選手の自主性を尊重し、主将を置きませんでした。選手一人ひとりがキャプテンになったつもりで行動してもらったのです。

私たちは、自主性を尊重してもらうとやる気になります。

「自分のことなのだから」という気持ちが高まるためです。他のだれかのためでなく、他ならぬ自分のためだと思えば、手を抜けません。

心理学的にも、自主性が大切なことは確認されています。

カナダにあるケベック大学のニコラス・ジレットは、101人のフランスの柔道家を対象にして、コーチが自主性を尊重してくれると思うか、それとも自分の指導を押しつけてくると感じるかを聞きました。また、フランス柔道連合会から得られた大会の記録との関連性も調べました。

その結果、「私のコーチは私の自主性を尊重してくれる」とか「練習のやり方も自分にまかせてくれる」と感じるほど、大会で良い成績を残せていることがわかりました。

もしやる気が出ないのなら、それはやることを押しつけられているからではないでしょうか。

お母さんに「勉強しなさい」と言われると、勉強したい気持ちは逆に失せてしまいますし、「さっさとお風呂に入りなさい」と言われると、逆に入りたくなくなってしまうものです。仕事でも、上司にあれをやれ、これをやれと言われると、余計にやる気が失われていくものです。

というわけで、**やる気を出したいのなら、人に言われる前に自分でやってしまうことをおススメします。**

「どうせ上司に雑務を命じられるだろう」と思うのなら、言われる前に自分でやってしまうのです。「おい、○○（自分の名前）、あの仕事をやっておけ」と言われたときには、「もうその仕事は終えてあります」と答えられるようにしておくのです。

他人に指図を受けてやらされるのはやる気が出ませんが、自分の考えでやるのなら別です。先を読んで、自分でやってしまったほうが、苦痛を感じません。指図を受けてやらされるのは自尊心が傷つきますので、自分で率先して終わらせておくのです。

ポイント

自主性を尊重されるとやる気になる
人に指図をされるとやる気が奪われる

「環境」で人の行動は影響を受ける

どんなに潜在的なやる気が高い人でも、どんな環境に置かれているかによって、その行動は変わってきます。**環境が悪いと、どんなにやる気を持っていても、そのうちにやる気をなくします。環境はとても大事なのです。**

アメリカにあるヒューストン大学のウェイファ・ファンは、全米のいろいろな高校で1万4639人の生徒を対象とした調査を行いました。

その結果、学校の雰囲気がとても悪いと、具体的にいうと、「不良の生徒が授業を妨害する」「学校に不良グループがいる」「学校内でケンカがしばしば起きる」という学校では、生徒のやる気が落ちて、国語と数学の成績がとても悪くなることがわかりました。

本人にやる気があっても、雰囲気が悪いとどうにもなりません。

だいたい新卒で会社に入ってくる社員は、だれでも夢や希望を持っているものです。

ところが、入社した職場で、みんながダラダラと働いているとか、私語ばかりで仕事をしないとか、会社の経費で飲み食いするような悪いことをしていると、そのうちに新入社員もやる気を失います。

「朱に交われば赤くなる」という言葉がありますが、私たちは周囲の人に染まっていきます。

やる気のない人たちばかりに囲まれていて、自分一人が身を粉にして働く、ということはあまり考えられません。最初のうちはそうしていても、そのうちバカバカしくなって、新入社員も周囲の人と同じくらいの作業量でしか働かなくなるでしょう。

では、もし読者のみなさんが会社の経営者で、社員がみなダラダラしているのなら、どうすればよいのでしょうか。

今いる社員を全員クビにして、新しい社員とごっそり総入れ替えをしなければならないのでしょうか。

たしかにそういうことをすれば職場の雰囲気を一新できるのかもしれませんが、なかなかそういうわけにはいかないと思います。

そこでどうすればいいのかというと、先ほど述べたように「自主性」を持たせるようにするのです。

社員に仕事をおまかせしたほうが、社員はやる気を出します。

トヨタの社員は頑張り屋さんが多いことで有名ですが、生まれつき頑張り屋さんばかりを採用しているわけではなく、従業員に自主性を持たせるようなシステムで仕事をしているのです。全員が参加できるような仕組みが整っているので、やる気が出るのです。

職場の雰囲気を変えたいのなら、自主性を持たせることです。そうすれば、少しずつでも雰囲気は良くなっていくでしょう。

ポイント

どんな環境に置かれるかによって行動が変わる
やる気を出させるなら自主性を持たせることが大事

監視されるとやる気はなくなる

テクノロジーの進歩によって、パソコンを使えば、だれが、どれくらい仕事をしているのか、仕事をサボってネットサーフィンをしていないかなどが簡単にわかってしまうようになりました。上司としては、わざわざずっと自分の目で監視していなくてもすみますから、こういう進歩は大歓迎かもしれません。

けれども、監視される部下からすると、まったく逆です。いつも監視されていると思うと気は抜けませんし、仕事をするのもイヤになります。

かつての会社では、上司が出張や外回りでオフィスを離れると、ここぞとばかりに手を抜いたものでした。「やったぁ、今日はのびのびと仕事ができる！」とお互いにハイタッチして小躍りするのが一般的でした。「鬼の居ぬ間に何とやら」というやつです。

けれども、テクノロジーの進歩によって、なかなかそういうわけにはいかなくなりました。テクノロジーの進歩は便利さをもたらしてくれる一方で、厄介な問題ももたらすようになったのです。

カナダにあるアルバータ大学のマイケル・エンズルは、レゴブロックで作った家や建設用クレーンの見本を見せ、同じものをブロックで組み立てさせるという実験をしてみたことがあります。

ただし、実験の条件は2つありました。ひとつは監視用カメラで自分の作業を監視される条件。もうひとつは監視用カメラがあるものの、電源が切ってあるので監視されないというものです。

作業が一段落したところで、実験の参加者には自由時間が与えられました。この時間に、レゴブロックで遊ぶかどうかをこっそり観察したのです。もしレゴブロックが面白いと感じたら、自由時間にたくさん遊ぶはずです。

調べてみると、監視されていた条件では、自由時間にあまり遊びませんでした。監視されていると、レゴブロック作りがつまらなくなってしまったのです。

監視されると、私たちはやる気を失うのです。

というわけなので、**もし読者のみなさんが上司であるなら、なるべく監視はしないようにしましょう。そのほうが部下も仕事がしやすいはずです。**

「一応、会社からは監視モニターで勤務態度を調べろって言われているんだけど、めんどくさいから、私はやらないことにする。キミの好きなように仕事をしてくれればいいから」と言ってあげれば、部下はやる気を出してくれるのではないでしょうか。

ずいぶん昔の話になるので若い人は知らないと思いますが、かつては「ニコポン管理法」という部下管理法がありました。管理法という名前はついていますが、実際には管理などしません。上司は部下にすべてをそっくりおまかせして、たまに「ニコッ」と微笑んで、「ポン」と部下の肩を叩いてあげればそれでいい、というものです。管理しないほうがやる気が出るという心理学の研究からすれば、この方法は正しいのかもしれません。

ポイント

監視をすると人はやる気をなくしてしまう
監視や管理をしないほうがやる気が出る

自主性が認められなくとも大丈夫なケースもある!?

やる気を出すためには「自主性」というキーワードがとても大切なわけですが、そうはいっても、「私はだれかに命じられたほうが、やる気が出ます」という人がいないわけではありません。

日本人の私たちにとっては、文化的な背景もあり、ひょっとするとそういう人のほうが多いかもしれません。

アメリカにあるスタンフォード大学のシェーナ・アイエンガーは、52人のアジア系アメリカ人と、53人のアングロサクソン系アメリカ人の子ども（7歳から9歳）を対象にして、15問のアナグラム課題をやってもらいました。

アナグラム課題というのは、バラバラのアルファベットを並べ替えて、意味のある単語を作り出すゲームのようなものです。たとえば、「e」「s」「a」というアルファベットから「sea」（海）という単語を作ることができたら正解です。

表⑦ アジア系の子どもは、お母さんが選んだときに頑張

	アングロサクソン系	アジア系
第1条件	324秒	229秒
第2条件	103秒	116秒
第3条件	98秒	340秒

＊数値は最大360秒

（出典：Iyengar, S. S. & Lepper, M. R., 1999より）

なお、アナグラムをしてもらうときに、6つのカテゴリーが用意されていました。動物、食べ物などです。第1条件では、自分の好きなカテゴリーから選んでもらいました。これは自主性グループです。第2条件では、実験者が適当にひとつのカテゴリーを選びました。これは言ってみれば、押しつけグループだといえます。第3条件では、子どもたちのお母さんが選びました。押しつけではあっても、お母さんという点が違います。

アナグラムは全部で15問あり、いくら考えても答えがわからないとか、やりたくなくなったらいつでも終了してよかったのですが、取り組んだ時間を測定すると上の表⑦のような結果になりました。

アングロサクソン系の子どもは、自分で課題のカテゴリーを選べるときに一番頑張りました。「自主性」

が認められたほうがよいという、既存の研究結果とも一致する結果です。

面白いのがアジア系の子どもたちです。**アジア系の子どもたちは、「お母さんが選んだ」ときに一番頑張ったのです。**

先ほど、自主性は大切というお話をしましたが、必ずしも自主性が認められなくても、たとえば家族（親や配偶者や子ども）が「あなたはそうしなさい」と言うのであれば、それはそれでモチベーションが高くなることもあるかもしれません。

ポイント

環境よっては他人に決めてもらったほうがいい場合がある
そのほうがやる気が高まる場合があることも知っておく

性格に合わないことをするのは難しい

だれにも得手不得手というものはあるものです。これはもうどうしようもありません。「Aは得意なんだけど、Bはちょっと……」ということは、だれにもあるはずです。すべてのことが得意という人など、この世に存在しません。

自分の性格に合わないことは、基本的にやらないようにしたほうがいいでしょう。そういうものは他の人に押しつけてしまうか、あるいは代わりにやってもらうのです。得意なところで勝負すればいいのであって、苦手なことはやらないに限ります。

イスラエルにあるベングリオン大学のアヴィ・アソールは、570人の中学生に内気さを測定するテストと、社交性を測定するテストを受けてもらった後で、「15人の知らない人の前で発表」という課題か、「1人で作業」という課題を与えました。

すると、内気さのテストで高得点だった人は、「15人の知らない人の前での発表」のときにやる気が出ず、社交性のテストで高得点だった人は、「1人きりでの作業」のときにやる気が出ないことがわかりました。

私たちは、自分の性格に合わないことをやるときに、やる気が出なくなるのです。

というわけで、自分の性格に合わないことは基本的に最初からやろうとしないのが正解です。本書は、やる気を高めて行動力をつける心理テクニックをご紹介する本ではあるものの、どんなことにでもやる気が出るのかというと、そんなことは不可能です。できないことは、逆立ちしてもできませんし、やる気にもなりません。ですので、他の人に代わりにやってもらうことを考えたほうがいいのです。

私は自分の会社を設立したとき、最初の1年だけは経理を自分でやりました。ところが私は経理の作業が大の苦手で、翌年からは税理士にお願いすることにしました。税理士にそっくりおまかせしたほうが、自分の仕事に傾注できることがわかったからです。

掃除をするのがどうしても苦手なら、ハウスキーパーを頼んでしまったほうがいいでしょう。お金はかかるかもしれませんが、浮いた時間を他の自分の得意なところに回したほうがいいに決まっています。

職場でやりたくない仕事をしなければならないときには、他に自分よりもっとうまくできそうな人にその仕事を代わってもらいましょう。

「発表が苦手だから、企画のプレゼンテーションは代わりにお願いできないかな。パワーポイントで資料を作ったりするのは全部僕がやるからさ」というように話を持ちかければ、お互いに得意なことができます。

もともと経済活動というものは、お互いに得意なことをすることによって成り立っています。魚を捕るのが得意な人は漁師になればいいですし、野菜を育てるのが得意な人は農家になるのです。そして、お互いに魚と野菜を交換することで経済活動は回っていきます。

得意なことに全力を出しましょう。そして苦手なことは、他の人にやってもらうことを考えましょう。

ポイント

自分の性格に合わないことはやらない
得意なことに全力を出す

第7章

だれでもできる
やる気の高め方

ほどよい難易度を探りながら進む

第1章で「最初はすごく簡単なことから」というアドバイスをしました。
けれども、それは人や得手不得手によります。

本当に自分が不得手とすること、苦手とすること、本気でやりたくないと思っていることについては、やさしいことからスタートしたほうがいいとは思いますが、そうは言っても、「あまりにやさしすぎないか？」と感じると、それはそれでやる気を失うことになりますので注意してください。

オランダにあるアムステルダム自由大学のK・ヴァン・ダ・コーイは、96人の大学生に、解毒剤のキャラクターを操作して、ウイルスをやっつけていくというオンラインゲームをしてもらいました。条件によって、ゲームの難易度は変えました。

その結果、あまりに難易度が低すぎても、難易度が高すぎても、ゲームが面白いと感じなくて、すぐに遊ばなくなってしまうことがわかりました。ほどよく難しいと感じるくらいが、一番やる気が出たのです。

55ページで、不安症の人は、「最初は玄関まで行けたらクリア」というお話をちょっとしましたが、そうはいってもその達成条件ではゆるすぎるのではないかと感じるのであれば、もう少し難しいことからスタートしてもかまいません。

大切なのは、自分に合った難易度設定をすることです。とりあえずやってみて、自分がどのように感じるのか、やる気は出るのかを考えてみてください。それによって、自分にぴったりの難易度を探ってみるのです。

いきなり自分にぴったりの難易度に出合う、ということはそんなにあるわけではないので、あくまでも試験的に始めてみるのがよいと思います。

他の人にとってはほどよいことでも、自分も同じように感じるのかはわかりません。やる気に関しては、個人差がものすごく大きいので、とりあえずやってみないと何とも言えないところがあるのです。

算数の問題でも、どれくらいがほどよい難易度なのかは、実際に問題に取り組んでみないと、何とも言えません。相当に難しいことでも簡単だと感じる人もいれば、単純な割り算でさえ頭を抱えてしまう人もいるでしょうから。

というわけで、最初に自分なりに「やるべきことリスト」のようなものを作るときには、あまりしっかりと作りすぎないことがポイントです。

実際にやってみて、あまりにもたやすいのであれば、すぐにリストを作り直せるよう、あくまでも試験的なものにとどめておいたほうがいいでしょう。

ポイント

自分がそれなりにできるものは難易度を考える
自分のやる気の出る難易度を探るのも大事

難しいことにもチャレンジしてみる

ある程度の自信がついてきたら、「ちょっと自分のレベルでは手に余るかも」ということに挑戦してみるのもやる気を高めるためのいいアイデアです。

ゲームの例でいうと、今の自分では到底太刀打ちできないボス敵に果敢に勝負を挑んでみるのです。

「現在の自分のレベルでは明らかに力不足」だと思われても、それでもうまくするとギリギリでクリアできることがあり、そんなときには「やったぁ！」と声に出して喜んでしまうものです。そういう気持ちになれることがないわけではないので、難敵に立ち向かってみるのも、決して悪いことではないのです。

スイスにあるジュネーブ大学のジョセフィン・スタネックは、20人の実験参加者に手を抜かずに全力でハンドグリップを握ってもらう実験をしてみました。

その際、スタネックは、目標値の難易度と、クリアしたときの報酬（お金）をいろいろと変えてみました。

その結果、一番力を出すことができたのは、「目標が難しく、報酬が多い」という条件で、一番力を出せなかったのは「目標がやさしく、報酬も少ない」という条件であることがわかりました。難しい目標を与えられたほうが、「ようし、やってやろうじゃないか！」と心が燃えてくる人もいることがわかりました。


だれでもそうだというわけではないのですが、もし自分がそういうタイプなのであれば、とんでもなく高く目標を設定してみるのも、決して悪くはないと思います。やさしい目標だと力が出ない人もいるでしょう。

大学受験を控えていて、偏差値が40の人は、だいたい偏差値が45から50くらいの大学を目指すのが一般的だと思うのですが、偏差値が70を超える一流大学を目標に据えることによって、「ようし、絶対に合格してやる」という強烈なモチベーションが生まれる人もいるのです。

映画にもなった『学年ビリのギャルが1年で偏差値を40上げて慶應大学に合格した話』（KADOKAWA）の主人公は、試験勉強を始めるときの偏差値はなんと30です。それでも慶應義塾大学合格を目標に据えて、1年で偏差値を40も上げて合格しました。そういう人も現実にいるのです。

だれもが難しい目標を掲げたほうがいいのかというと、そうだと断言できないところが悩ましいのですけれども、人によってはものすごく身分不相応な目標を持つことも決して悪くはない、ということは覚えておくとよいでしょう。

私はというと、性格的に臆病で、不安を感じやすい人間ですので、ものすごく小さな目標でないといまいちやる気が出ないのですが、読者のみなさんはどうでしょう。高すぎる目標のほうが「燃えてくる」と感じるでしょうか。

おかしな結論になってしまいますが、**目標は、小さくても、中くらいでも、大きすぎるくらいでも、何でもかまわないのです。いろいろと試してみて、自分にとって最適の難易度を見つけてみてください。**

ポイント

自信がついたら、あえて難しいことにチャレンジしてみる
高い目標を掲げたほうがやる気になる人もいる

競争しない

スポーツの世界では、自分の実力と伯仲《はくちゅう》しているライバルがいたほうが、モチベーションが高まるとされています。ライバルを意識したほうが、練習にも身が入ります。スポーツをテーマにした漫画やドラマや映画では、必ずライバルが登場します。ライバルがいないといまいち盛り上がりません。

けれども、本書ではあえて逆のアドバイスをしましょう。

人と競争してはいけません。**競争しなければならないと思うと、とたんにやる気が失われてしまう人もいるのです。**

アメリカにあるロチェスター大学のジョンマーシャル・リーブは、100人の大学生を集めて、同性のサクラ（アシスタント）と、「ハッピーキューブ」というベルギー生まれの脳トレパズルをやってもらいました。

その際、半数の人には、「これは競争ですので、相手に勝てるように頑張ってください」と伝えておいたのですが、後で調べてみると、競争のプレッシャーを与えたグループほどハッピーキューブを楽しめず、やる気もなくなることがわかりました。

人と競争することでやる気が出る人もいるかもしれませんが、競争しなければならないと、やる気を奪われてしまう人もいるのです。


特に日本人は、「和」を尊重する国民性があります。

日本人は競争が好きではありません。


アメリカのフロリダ州にあるロリンズ大学のジョン・ヒューストンは、アメリカ人、日本人、中国人に競争心を測定するテストを受けてもらい、3か国の比較を行ってみました。

その結果は予想通り、一番競争心がないのは日本人でした。次に中国人、一番競争心が強いのがアメリカ人という順番になりました。

そもそも競争するのがあまり好きではない日本人にとっては、他の人と競争しなければならない状況は、やる気を奪われてしまう可能性が高いと考えてよいでしょう。

営業やセールスの部署では、営業成績をオフィスに張り出しているところが少なくありません。お互いの成績を認識することで、お互いに競争することで仕事のモチベーションを高めようという狙いがあるのでしょうが、これは本当に効果的なのでしょうか。

もし私がその会社の営業部にいたら、成績をカベに張り出されたりすると「○○に負けないように頑張ろう」という気持ちになるよりは、むしろやる気をなくしてしまうのではないかと思うのです。

他人に打ち勝つことによって快感を得られる人ならば、競争してもよいような気もしますが、そうでない人には競争が苦痛なだけなのです。

ポイント

あえて競争しないという考えも必要
競争することがやる気を奪う可能性もある

自分ではなく、社会のためと考える

自分にとって利益があるかどうかを考えるのは、人としての器が小さいのではないかと思います。もっと大きな視野を持ち、「社会のため」「世界のため」と考えてみるのはどうでしょうか。そのほうが、大きなやる気が出てくるかもしれません。

アメリカにあるテキサス大学のデビッド・イーガーは1364人の高校生に対して、自分に役立つような目的を立てて学ぶのか、それとも「世界を好ましい方向に変えるため」「社会に貢献できる立派な市民になるため」といった自己超越的な目的で学ぶのかを調べてから、退屈な数学の問題（単純な計算問題）の課題を与えて、好きなだけやってもらいました。もし飽きたら、ゲーム（テトリス）をやったり、映画を観たりしてもらいました。

その結果、自分だけの目的で学ぶ人より、自己超越的な目的で学ぶと答えた人のほうが、退屈な数学の問題であっても、いったん始めたことを簡単に投げ出すようなことをせず、ずっと長く続けていたことがわかりました。

「自分のため」だと思うと、そんなにやる気は出ません。

ところが、「社会のため」とか「世界のため」と思うと、手抜きはできなくなるのです。

自動車王と呼ばれたヘンリー・フォードは、自分がお金持ちになりたくて自動車を作ったのではありませんでした。だれもがラクに移動できる自動車をアメリカ中に普及させたい、という一段大きな目標を持って仕事をしていたのです。

フォードのように大きな視点で考えてみてください。

そうすれば、より大きな意欲を持って仕事ができるはずです。


日本人が明治維新という、世界のどの国もできなかったようなことを成し遂げることができたのも、明治の人たちは、「自分のため」ではなく、「日本のため」という大きな目的で行動していたからです。

渋沢栄一が、１００を超える会社を創立できたのも、自分がお金持ちになろうとしたのではなく、日本の社会のためでした。そういう気持ちで仕事をしていたからこそ、意欲的に行動できたのだと考えられます。

電気代の節約になって、自分にとってお得だから環境に良い行動を取ろうとしても、なかなか難しいのではないかと思います。エコな生活習慣も身につきません。本気で取り組もうという気持ちになれないからです。

その点、「世界の温暖化を止める」という大きな視点で考えると、喜んでエコな生活習慣が身につけられるのではないでしょうか。**自分のためでなく、社会のため、世界のため、人類の子孫のため、という意識を持ったほうが、多少の不便な生活も我慢できるようになるでしょう。**

たしかに、自分にとってのメリットや利点がないのなら、そんな行動は取りたくないとだれもが考えると思うのですが、ほんの少しだけ大きな目標を持ってみるとよいのではないかと思います。

ポイント

自分のためだけだとなかなかやる気が出ない
「社会のため」、「世界のため」だと思うと手抜きができなくなる

だれかに付き添ってもらう

大学受験の子どものために、親が試験会場まで付き添ってあげることがあります。これは子どもにとってはとてもありがたいことでしょう。

親が付き添ってくれれば、「無事に会場にたどり着けるのだろうか」という心配をしなくてすみますし、試験を控えて高まった不安も軽減できるからです。

内気な人が、いつでも行動できないかというと、そうではありません。だれかが付き添ってくれれば、普段通りに行動することができます。

アメリカのノースカロライナ州にあるエリザベス・シティ州立大学のスコット・ブラッドショーは、「社会的代理人仮説」というものを提唱しています。

内気な人は、自分一人でパーティーに出かけることはできません。知らない人の集まりに参加するのは不安だからです。

ところが、気の合う友だち（この人を社会的代理人と呼びます）が一緒に行ってあげるよと申し出てくれるのなら、極度に不安な人も安心してパーティーに参加できるのです。ブラッドショーが調べたところ、内気な人でも親しい友だちと一緒なら、不安が軽減できて、いろいろな場所に参加できることがわかりました。これは男性でも、女性でもそうでした。

というわけで、**敏感すぎる人ですとか、内気な人ですとか、不安を感じやすい人は、自分と一緒に付き添ってくれる人を見つけて行動するようにしましょう。**

自分一人では、スポーツジムに入会するのが怖い人でも、友だちと一緒なら大丈夫です。地元のコミュニティサークルに参加したいと思っても、「一人ではちょっと怖い」と思うのなら、やはり友だちに声をかけてついてきてもらいましょう。

恋人を作ったり、結婚したいと思うのなら、友だちに紹介を頼みましょう。

自分で積極的に動くことができない引っ込み思案の人でも、友だちが仲介してくれれば、一緒にお食事に行ったり、出かけたりすることもできるはずです。

本当は親しい友だちにお願いしたいところですが、友だちがいない人はどうすればいいのでしょうか。

その場合には、お金はかかりますが、エージェントに頼みましょう。婚活をサポートしてくれるエージェントにお願いすれば、やはり不安は軽減されます。

いきなり知らない人とお見合いをするのは怖いですが、エージェントの人が仲介してくれるのなら、内気な人も怖くありません。

かつては、お見合いのお手伝いをするのが大好きな世話焼きな人が職場にもご近所さんにもたくさんいたので、内気な人でもお見合いすることができました。

ところが、最近ではそういう世話を焼いてくれる人が大激減してしまったので、エージェントにお願いするのです。いろいろなサービスを提供してくれるエージェントはたくさん存在しますので、自分で行動できない人はそういうところを利用するのもおススメです。

ポイント

内気で行動できないときはだれかと一緒に行動する
だれかと一緒なら内気の人でも行動できるようになる

面白いと感じることをする

「好きこそものの上手なれ」という言葉があるように、好きなことなら私たちはスイスイと学ぶことができます。

まだ3歳なのに、世界中の国旗を見て国名を言うことができたり、小学生なのに鉄道の路線図が頭に入っていたりするのは、本人が好きなことをしているからです。日本の野球選手だけでなく、メジャーリーガーの選手を何百人も覚えている子どももいます。

好きなことをするとき、私たちの脳みそは、いきなり活性化します。脳みそが活発に動くので、いくらでも頭に入ってくるのです。

アメリカにあるカリフォルニア工科大学のミン・カンは、大学生に40問の雑学的な教養テストを受けてもらいました。たとえば、「人が歌っているように聞こえる楽器として発明されたものは何ですか？」とか、「地球を含む銀河系の名前は何ですか？」という問題です。ちなみに正解はそれぞれ「バイオリン」と「ミルキーウェイ」です。

なお、学生にはひとつずつ問題に取り組んでもらうたび、その問題についてどれくらい興味があるのかも聞きました。さらに、問題に取り組んでもらうときには、磁気共鳴機能画像法（ｆＭＲＩ）という機械で、脳の活動も調べました。

それから1週間から2週間が経過したところで、抜き打ちでテストについての記憶テストをしてみたのですが、学生が「面白い」と興味を持った問題については正解率が高いことがわかりました。興味のあることはよく覚えていたのです。

また、興味のある問題では、海馬などの記憶をつかさどる領域が活性化していることもわかりました。

勉強するときには、何でも面白がるようにするといいです。

「なんだよ、これ。すごく面白いじゃないか」とウソでもいいから口に出しながら勉強してみてください。そのほうが勉強の能率がアップするでしょう。面白いことなら、どんどん覚えることができます。まったく苦労もしません。

英語の単語を覚えるときにも、ただやみくもに覚えようとするよりは、たとえば語源にさかのぼって調べたりすると興味が持てます。「なるほど、こういう語源があるので、こんなスペルになったのだな」と思いながら学んだほうが、確実に記憶への定着は良くなるはずです。

やりたくないことをやるときには、少しでも自分が興味を持てるようにしてみるといいでしょう。仕事も同じで、面白がりながら取り組んだほうが、その仕事の技能をスイスイと身につけることができます。

ポイント

やる気が出ないときは自分が面白がれる方法を見つける
好きだと思うと脳がいきなり活性化する

早起きの習慣を身につける

人間のタイプで、「朝型」と「夜型」という分け方があります。

目が覚めたらすぐに布団から跳ね起きることができ、午前中から身体も頭も絶好調でバリバリ働けるタイプは朝型です。朝起きるのに苦労し、午前中は頭がぼうっとしてうまく働かず、午後になってようやく元気が出てくるタイプは夜型です。

さて、行動的な人間はどちらのタイプが多いのかというと、断然朝型です。

行動的な人間になりたいのなら、とにかく早起きの習慣を身につけ、朝型人間に生まれ変わってください。

朝型か夜型のタイプは、自分の心がけで変えることができます。血液型や遺伝子は変えることはできなくても、朝型か夜型かは、自分で変えられるのです。

現在は夜型だとしても、夜は少し早く就寝するようにし、朝は少し早く起きるようにし

ていれば、だれでも朝型になれます。ウソではありません。最初の数日はつらいかもしれませんが、だれでも10日ほどで自分のタイプを変えることができるでしょう。

「朝、早く起きたからと言って何が変わるのだ?」と思う人がいると思いますが、「何が変わる」どころか、人生のすべてが変わります。何しろ、すべての物事に意欲的になれるからです。

ダラダラしていると時間がもったいないので、ほんの少しでも余った時間があれば、貪欲にそれを活かそうとします。そういう意欲的な人間になれるのです。

ドイツのライプチヒ大学のクリストフ・ランドラーは、早起きする人は、夜更かしするタイプより、すべてに意欲的で、行動的であることを指摘しています。また、ランドラーは、平日と週末の起床時間に差がない人ほど、意欲的であることも突き止めています。週末にも平日と同じ時間に起きたほうが、意欲的になれるのかもしれません。

「朝起き千両、夜起き百両」という言葉があります。早起きして仕事をしたほうが、夜遅くまで仕事をするより、10倍も能率がいいという教えなのですが、夜遅くまで仕事が終わらないという人は、夜ではなく、早起きして仕事をしてみるのはどうでしょうか。

仕事が終わっていなくても、とりあえず寝てしまうのです。そして朝早く起きて仕事をするのです。そのほうが確実に早く仕上げることができます。「まだ終わっていないけど、今日はここまで」と仕事を切り上げ、翌日の朝に回してしまうのがポイントです。

夜にダラダラと仕事をするのは非生産的です。

夜はさっさと寝て、朝早く起きてバリバリ働きましょう。

こちらのほうがよほど能率よく仕事を片づけることができますし、しかも意欲的な人間になれるという、素晴らしいおまけまでついてきます。

ポイント

夜にダラダラと仕事をするのはよくない
早起き習慣を身につけると行動的な人間になれる

いったん決めたら、もう何も考えない

何らかの行動を取ったときには、もう考えるのをやめましょう。

「この選択で、本当によかったのかな?」
「もっと違うことをしたほうがよかったのかな?」
「他のやり方をしたほうがよかったのかな?」
と考えていると、不満や後悔を感じるからです。いったん決めたら、もう何も考えないほうがよいのです。

アメリカにあるヴァージニア大学のティモシー・ウィルソンは、43人の女子大学生に、モネやゴッホのポスターについて評価してもらいました。評価が終わったら、好きなポスターを実験に参加したお礼だと告げて、ひとつ差し上げました。

好きなポスターをどれかひとつを選んだところで、半数の学生には、「どうしてこのポ

スターにしたの？」という理由を尋ねました。残りの半数にはそういう理由を聞きませんでした。

それから3週間が過ぎたとき、ウィルソンはもう一度コンタクトを取り、「あなたが選んだポスターにどれくらい満足していますか？」と聞いてみました。

すると、最初にポスターを選んでもらったとき、理由を考えさせたグループの人たちほど不満を感じることがわかったのです。選んだ理由を聞かれなかったグループでは、ポスターに大いに満足していました。

自分が選んだものの理由を考えると、「他のほうがよかったかも？」という気持ちが強くなり、それが後悔を生み出すのです。

いったん決めたら、もう何も迷わず、考えるのをやめましょう。考えれば考えるほど後悔することになるからです。

就職する会社を決めるとき、決める前にはあれこれと考えてもよいのですが、いったん決めたら、もう考えてはいけません。そうしないと、「他の会社のほうがよかったんじゃないか」ということに悩むことになります。

結婚もそうです。いったん「この人と結婚する」と決めたら、もう迷わないことです。「もっと他にいい人がいたんじゃないか」などと考えていたら、結婚に不満を感じる可能性が高くなります。

もっと小さいところでいうと、レストランに入って注文をしたら、もうメニュー表は見ないほうがいいですね。メニューを見ていると、「他のセットのほうがよかったかも？」という気持ちが強まり、「どうしてあの料理を注文しちゃったんだろう」と後悔することになります。せっかくの料理もおいしく感じられなくなりますので、いったん注文したら、メニューのことはもう考えないようにするのがポイントです。

ポイント

何かを決めたときは考えるのをやめる
考えれば考えるほど後悔するだけ

自分に関連づけてみる

2021年のLINEリサーチによりますと、男子高校生の40・7パーセントが、女子高校生の59・9パーセントが「数学が苦手」と答えたそうです。ほぼ半数の高校生が数学が苦手で、嫌いだと感じているのです。

なぜ数学が嫌われるのかというと、「こんなもの役に立つのかな」と感じるからだと思われます。

では、どうすれば苦手意識や嫌悪感をなくせるのでしょうか。

その方法は、自分の人生に関連づけることです。「数学を学ぶと、自分の人生はこんなふうに変わる」ということを考えるのです。

ドイツで最も古い大学のひとつであるチュービンゲン大学のブリジット・ブリッソンは、自分の人生に数字を関連づけて考えるように促すと、6週間後、そして5か月後の2回の調査で、数学を学ぶ意欲が高まっていたという報告をしています。

数学を学ぶことに「意味がなさそう」だと思うからやる気が出ないのであって、「大いに意味がある」というふうに考えれば、やる気は出てきます。

同じような研究は他にもあります。

アメリカにあるヴァージニア大学のクリス・フルマンは、113人の大学生に、「この講義で学んだことはキャリアに役立ちそうだ」「実際に使えそうだ」などと関連づけしながら学んでもらうようにすると、学期の2週目、8週目、14週目に調査をしてみるとやっていた気が高くなることを明らかにしています。

「私には関係がない」と思うと、勉強は苦しくなります。

勉強が苦しくならないためには、自分の人生にどのように役立つのかを考えてみるのです。自分に役立つことなら、いくらでも頭に入ってきます。なにしろ、将来役に立つのですから。

多くの人は、心理学という学問がどういう学問なのかがよくわかっていないので、「心理学なんて学んで、何か意味があるの？」と思っている人が非常に多いのです。私は心理学者ですが、「どうして心理学なんかやってるの？」と質問されることが一再ならずありました。

「心理学なんか」と「なんか」呼ばわりされるといささかムッとするのですが、心理学を学ぶと人生にどう役に立つのかを説明してあげると、「なるほど、私は心理学のことを誤解していましたよ」と言ってくれます。

とにかく**何を学ぶにしろ、学んだことが自分にどう役に立つのかを考えてみるべきです。自分に関連づけるようにすると、学ぶことが無味乾燥なものではなく、ものすごく有益だと感じますし、やる気も出てくるでしょう。**

ポイント

自分に関係がないと思うとやる気が出ない
何事も自分に関連づけて考える

あとがき

「モチベーション」をテーマにした本は、非常にたくさん刊行されています。それだけモチベーションに関するニーズが高いのでしょう。

良書がすでにいくつも存在するのに、あえて私が執筆しようと思ったのは、とにかく「やる気の出し方」に特化した本を書いてみたかったからです。

モチベーション関連の本を読んでみますと、マズローの理論ですとか、ハーズバーグの二要因理論ですとか、ブルームの期待理論ですとか、マグレガーのX理論・Y理論などが必ずといってよいほど紹介されておりますが、本書ではそういうものはひとつも取り上げていません。

「理論のようなものはもうどうでもいいから、やる気の出し方だけを具体的に教えてほしい」という読者のために、本書を執筆いたしました。私たちが知りたいのは、理論ではなくて、実践に役立つテクニックだろうと思ったからです。

モチベーションの理論をいくら勉強しても、知識はつくのかもしれませんが、残念ながら自分のモチベーションを高めるのにあまり役に立ちません。理論の勉強がまったく無意味だとまでは言いませんが、学者にでもなろうという人以外には、あまり参考にならないのです。

そこで本書では、徹底的に「やる気の出し方」にこだわりました。やる気が出ない原因などのメカニズムについても軽く触れてはおりますが、基本的には、「こういう理由でやる気が出ないのなら、○○するといいですよ」というアドバイスのほうに重点を置いた書き方をしてきたつもりです。

おそらく一度読んだだけでは、すべてのテクニックを覚えるのは難しいと思いますので、折を見て本書を読み直し、できるだけ数多くのテクニックをマスターしてください。

やる気の出し方をひとつしか知らないより、たくさん知っていたほうが、いざというときに心強いでしょう。いくつかのやり方を複合的に使ったほうが、それだけ相乗効果も生まれます。ですので、テクニックはいくら覚えていてもムダにはなりません。ひとつではあまり効果がなくても、複数を組み合わせると、驚くほどやる気が出てくる、ということもあるでしょう。

さて、本書の執筆にあたっては総合法令出版編集部の酒井巧さんにいろいろとお世話になりました。この場を借りてお礼を申し上げたいと思います。

最後になりましたが、読者のみなさまにも心よりお礼を申し上げたいと思います。読者のみなさまが、バイタリティにあふれ、エネルギッシュで、意欲的で、行動的な人間に生まれ変わるためのお手伝いが、ほんの少しでもできたのだとしたら、著者冥利に尽きます。

また、どこかでお目にかかりましょう。

内藤誼人

- White, R. E., Prager, E. O., Shaefer, C., Kross, E., Duckworth, A. L., & Carlson, S. M. 2017 The "Batman Effect": Improving perseverance in young children. Child Development, 88, 1563-1571.
- Wigfield, A. & Cambria, J. 2010 Students' achievement values, goal orientations, and interest: Definitions, development, and relations to achievement outcomes. Developmental Review, 30,1-35.
- Wilson, T. D., Lisle, D. J., Schooler, J. W., hodges, S. D., Klaaren, K. J., & LaFleur, S. J. 1993 Introspecting about reasons can reduce post-choice satisfaction. Personality and Social Psychology Bulletin, 19, 331-339.
- Wiltermuth, S. C., & Heath, C. 2009 Synchrony and cooperation. Psychological Science, 20, 1-5.
- Woolley, K. & Fishbach, A. 2017 Immediate rewards predict adherence to long-term goals. Personality and Social Psychology Bulletin, 43, 151-162.
- Worringham, C. J., & Messick, D. M. 1983 Social facilitation of running: An unobtrusive study. Journal of Social Psychology, 121, 23-29.
- Yeager, D. S.,Hanselman, P., et al. 2019 A national experiment reveals where a growth mindset improves achievement. Nature, 573, 364-369.
- Yeager, D. S., Henderson, M. D., Paunesku, D., Walton, G. M., D'Mello, S., Spitzer, B. J., & Duckworth, A. L. 2014 Boring but important: A self-transcendent purpose for learning fosters academic self-regulation. Journal of Personality and Social Psychology, 107, 559-580.

Social Psychology, 113, 589-607.

- Schmidt-Kassow, M., Deusser, M., Thiel, C., Otterbein, S., Montag, C., Reuter, M., Banzer, W., & Kaiser, J. 2013 Physical exercise during encoding improves vocabulary learning in young female adults: A neuroendocrinological study. PLoS ONE, 8, e64172.
- Schmitt, D. P. 2004 Patterns and universals of mate poaching across 53 nations: The effects of sex, culture, and personality, on romantically attracting another person's partner. Journal of Personality and Social Psychology, 86, 500-584.
- Schaller, M., Park, J. H., & Mueller, A. 2003 Fear of the dark: Interactive effects of beliefs about danger and ambient darkness on ethnic stereotypes. Personality and Social Psychology Bulletin, 29, 637-649.
- Shelton, J. N. & Richeson, J. A. 2005 Intergroup contact and pluralistic ignorance. Journal of Personality and Social Psychology, 88, 91-107.
- Shen, L., Fishbach, A., & Hsee, C. K. 2015 The motivating-uncertainty effect: Uncertainty increases resource investment in the process of reward pursuit. Journal of Consumer Research, 41, 1301-1315.
- Stanek, J.C. & Richter, M. 2021 Energy investment and motivation: The additive impact of task demand and reward value on exerted force in hand grip tasks. Motivation and Emotion, 45, 131-145.
- Stephens, R., Atkins, J., & Kingston, A. 2009 Swearing as a response to pain. Neuroreport, 20, 1056-1060.
- Stepper, S., & Strack, F. 1993 Proprioceptive determinants of emotional and nonemotional feelings. Journal of Personality and Social Psychology, 64, 211-220.
- Van der Kooij, K., in't Veld, L. & Hennink, T. 2021 Motivation as a function of success frequency. Motivation and Emotion, 45, 759-768.
- Xu, A. J., Schwarz, N., & Wyer, R. S. Jr. 2015 Hunger promotes acquisition of nonfood objects. Proceedings of the National Academy of Sciences, 112, 2688-2692.
- Westra, H. A., Dozois, D. J. A., & Marcus, M. 2007 Expectancy, homework compliance, and initial change in cognitive-behavioral therapy for anxiety. Journal of Consulting and Clinical Psychology, 75, 363-373.
- Williams, G. C., Rodin, G. C., Ryan, R. M., Grolnick, W. S., & Deci, E. L. 1998 Autonomous regulation and long-term medication adherence in adult outpatients. Health Psychology, 17, 269-276.

167-176.

- Martijn, C., Tenbult, P., Merckelbach, H., Dreezens, E., & de Vries, N. K. 2002 Getting a grip on ourselves: Challenging expectancies about loss of energy after self-control. Social Cognition, 20, 441-460.
- Morselli, D. 2013 The olive tree effect: Future time perspective when the future is uncertain. Culture & Psychology, 19, 305-322.
- Noice, H. & Noice, T. 1997 Long-term retention of theatrical roles. Memory, 7, 357-382.
- Noice, H. & Noice, T. 2001 Learning dialogue with and without movement. Memory & Cognition, 29, 820-827.
- Oettingen, G., & Wadden, T. A. 1991 Expectation, fantasy, and weight loss: Is the impact of positive thinking always positive? Cognitive Therapy and Research, 15, 167-175.
- Payne, B. K., Brown-Iannuzzi, J. L., & Loersch, C. 2016 Replicable effects of primes on human behavior. Journal of Experimental Psychology:General, 145, 1269-1279.
- Pham, L. B., & Taylor, S. E. 1999 From thought to action : Effects of process-versus outcome-based mental simulations on performance. Personality and Social Psychology Bulletin, 25, 250-260.
- Polivy, J., & Herman, C. P. 2002 If at first you don't succeed: False hopes of self-change. American Psychologist, 57, 677-689.
- Randler, C. 2009 Proactive people are morning people. Journal of Applied Social Psychology, 39, 2787-2797.
- Reeve, J. & Deci, E. L. 1996 Elements of the competitive situation that affect intrinsic motivation. Personality and Social Psychology Bulletin, 22, 24-33.
- Ronay, R., & von Hippel, W. 2010 The presence of an attractive woman elevates testosterone and physical risk taking in young men. Social Psychological and Personality Science, 1, 57-64.
- Rudman, L. A. & Heppen, J. B. 2003 Implicit romantic fantasies and women's interest in personal power: A glass slipper effect? Personality and Social Psychology Bulletin, 29, 1357-1370.
- Savani, K. & Job, V. 2017 Reverse ego-depletion: Acts of self-control can improve subsequent performance in Indian cultural contexts. Journal of Personality and

- Huffmeier, J., Krumm, S., Kanthak, J., & Hertel, G. 2012 "Don't let the group down": Facets of instrumentality moderate the motivating effects of groups in a field experiment. European Journal of Social Psychology, 42, 533-538.
- Hulleman, C. S., Kosovich, J. J., Baron, K. E., & Daniel, D. B. 2017 Making connections: Replicating and extending the utility value intervention in the classroom. Journal of Educational Psychology, 109, 387-404.
- Iyengar, S. S. & Lepper, M. R. 1999 Rethinking the value of choice: A cultural perspective on intrinsic motivation. Journal of Personality and Social Psychology, 76, 349-366.
- Joel, S., Teper, R., & MacDonald, G. 2014 People overestimate their willingness to reject potential romantic partners by overlooking their concern for other people. Psychological Science, 25, 2233-2240.
- Jonas, E., Schimel, J., Greenberg, J., & Pyszczynski, T. 2002 The scrooge effect: Evidence that mortality salience increases prosocial attitudes and behavior. Personality and Social Psychology Bulletin, 28, 1342-1353.
- Kahneman, D. & Klein, G. 2009 Conditions for intuitive expertise. American Psychologist, 64, 515-526.
- Kang, M. J., Hsu, M., Krajbich, I.M., Loewenstein, G., McClure, S. M., Want, J. T., & Camerer, C. F. 2009 The wick in the candle of learning: Epistemic curiosity activates reward circuitry and enhances memory. Psychological Science, 20, 963-973.
- Kindermann, T. A. 2007 Effects of naturally existing peer groups on changes in academic engagement in a cohort of sixth graders. Child Development, 78, 1186-1203.
- Knight, A. P. & Baer, M. 2014 Get up, stand up: The effects of a non-sedentary workspace on information elaboration and group performance. Social Psychological and Personality Science, 5, 910-917.
- Koomen, R., Grueneisen, S., & Herrmann, E. 2020 Children delay gratification for cooperative ends. Psychological Science ,31, 139-148.
- Laird, J. D. 1974 Self-attribution of emotion: The effects of expressive behavior on the quality of emotional experience. Journal of Personality and Social Psychology, 29,475-486.
- Langhanns, C. & Müller, H. 2018 Effects of trying "not to move" instruction on cortical load and concurrent cognitive performance. Psychological Research, 82,

- Fidler, J., MacCarty, R. L., Swensen, S., & Huprich, J. 2008 Feasibility of using a walking workstation during CT image interpretation. Journal of the American College of Radiology, 5, 1130-1136.
- Fitzsimons, G. M. & Bargh, J. A. 2003 Thinking of you: Nonconscious pursuit of interpersonal goals associated with relationship partners. Journal of Personality and Social Psychology, 84, 148-164.
- Flynn, F. J., & Lake, V. K. B. 2008 If you need help, just ask: Understanding compliance with direct requests for help. Journal of Personality and Social Psychology, 95, 128-143.
- Freeman, T. M., Anderman, L. H., & Jensen, J. M. 2007 Sense of belonging in college freshman at the classroom and campus levels. Journal of Experimental Education, 75, 203-220.
- Frenzel, A. C., Becker-Kurz, B., & Pekrun, R. 2017 Emotion transmission in the classroom revisited: A reciprocal effects model of teacher and student enjoyment. Journal of Educational Psychology, 110, 628-639.
- Gillet, N., Vallerand, R. J., Amoura, S., & Baldes, B. 2010 Influence of coaches' autonomy support on athletes' motivation and sport performance: A test of the hierarchical model of intrinsic and extrinsic motivation. Psychology of Sport and Exercise, 11, 155-161.
- Gollwitzer, P. M., Sheeran, P., Trötshel, R., & Webb, T. L. 2011 Self-regulation of priming effects on behavior. Psychological Science, 22, 901-907.
- Greenier, K. D., Devereaux, R. S., Hawkins, K. C., Hancock, S. D., & Johnston, M. D. 2001 Social facilitation: The quest for true mere presence. Journal of Social Behavior and Personality, 16, 19-34.
- Hallett, R., & Lamont, A. 2019 Evaluation of a motivational pre-exercise music intervention. Journal of Health Psychology, 24, 309-320.
- Hansen, W. L., Weisbrod, B. A., & Scanlon, W. J. 1970 Schooling and earnings of low achievers. American Economic Review, 60, 409-418.
- Helliwell, J. F., & Wang, S. 2014 Weekends and subjective well-being. Social Indicators Research, 116, 389-407.
- Houston, J. M., Harris, P. B., Moore, R., Brummett, R., & Kametani, H. 2005 Competitiveness among Japanese, Chinese, and American undergraduate students. Psychological Reports, 97, 205-212.

done today: Academic procrastination as a function of motivation toward college work. Journal of Social Behavior and Personality, 15, 15-34.

- Carre, J. M., & Putnam, S. K. 2010 Watching a previous victory produces an increase in testosterone among elite hockey players. Psychoneuroendocrinology, 35, 475-479.
- Croft, G. P., & Walker, A. E. 2001 Are the Monday Blues all in the mind? The role of expectancy in the subjective experience of mood. Journal of Applied Social Psychology, 31, 1133-1145.
- Dai, H., Milkman, K. L., & Riis, J. 2014 The fresh start effect: Temporal landmarks motivate aspirational behavior. Management Science, 60, 2563-2582.
- Dickson, K. A. & Stephens, B. W. 2015 It's all in the mime: Actions speak louder than words when teaching the cranial nerves. Anatomical Science Education, 8, 584-592.
- Dong, P., Huang, X(Irene)., & Zhong, C. B. 2015 Ray of hope: Hopelessness increases preferences for brighter lighting. Social Psychological and Personality Science, 6, 84-91.
- Enzle, M. E. & Anderson, S. C. 1993 Surveillant intentions and intrinsic motivation. Journal of Personality and Social Psychology, 64, 257-266.
- Eskreis-Winkler, L., Fishbach, A., & Duckworth, A. 2018 Dear Abby: Should I give advice or receive it? Psychological Science, 29, 1797-1806.
- Etkin, J. & Ratner, R. 2012 The dynamic impact of variety among means on motivation. Journal of Consumer Research, 38, 1076-1092.
- Ewell, P. J., Quist, M. C., Øverup, C. S. 2020 Catching more than pocket monsters: Pokémon Go's social and psychological effects on players. Journal of Social Psychology, 160, 131-136.
- Fan, W. & Williams, C. 2018 The mediating role of student motivation in the linking of perceived school climate and achievement in reading and mathematics. Frontiers in Education, 3, article50. Doi:10.3389/feduc.2018.00050.
- Fenton-O'Creevy, M., Soane, E., Nicholson, N., & Will, P. 2011 Thinking, feeling, and deciding: The influence of emotion on the decision making and performance of traders. Journal of Organizational Behavior, 32, 1044-1061.
- Ferguson, E. & Bibby, P. 2002 Predicting future blood donor returns: Past behavior, intentions, and observer effects. Health Psychology, 21, 513-518.

参考文献

- Allen, E. J., Dechow, P. M., Pope, D. G., & Wu, G. 2017 Reference-dependent preferences: Evidence from marathon runners. Management Science, 63, 1657-1672.
- Allen, K., Kern, M. L., Vella-Brodrick, D., Hattie, H., & Waters, L. 2018 What schools need to know about fostering school belonging: A meta-analysis. Educational Psychology Review, 30, 1-34.
- Althoff, T., White, R. W., & Horvitz, E. 2016 Influence of Pokémon Go on physical activity: Study and Implications. Journal of Medical Internet Research ,18, e315.
- Andrade, J. 2010 What does doodling do? Applied Cognitive Psychology, 24, 100-106.
- Assor, A., Kanat-Maymon, Y., Keren-Pariente, S., & Katz, I. 2017 You should know me better: Parents' temperament-insensitivity has negative motivational effects on Bedouin and Jewish adolescents. Journal of Personality, 88, 874-891.
- Baard, P. P., Deci, E. L., & Ryan, R. M. 2004 Intrinsic need satisfaction: A motivational basis of performance and well-being in two work settings. Journal of Applied Social
- Bégue, L., Bricout, V., Boudesseul, J., Shankland, R., & Duke, A. A. 2015 Some like it hot: Testosterone predicts laboratory eating behavior of spicy food. Physiology & Behavior, 139, 375-377.
- Bleich, S. N., Herring, B. J., Flagg, D. D., & Gary-Webb, T. L. 2012 Reduction in purchases of sugar-sweetened beverages among low-income black adolescents after exposure to calorie information. American Journal of Public Health, 102, 329-335.
- Bluedorn, A. C., Turban, D. B., & Love, M. S. 1999 The effect of stand-up and sit-down meeting formats on meeting outcomes. Journal of Applied Psychology, 84, 277-285.
- Bradshaw, S. D. 1998 I'll go if you will: Do shy persons utilize social surrogates? Journal of Social and Personal Relationships, 15, 651-669.
- Brisson, B. M., Dicke, A.L., Gaspard, H., Häfner, I., Flunger, B., Nagengast, B., & Trautwein, U. 2017 Short intervention, sustained effects: Promoting students' math competence belief, effort, and achievement. American Educational Research Journal, 54, 1048-1078.
- Brownlow, S., & Reasinger, R. D. 2000 Putting off until tomorrow what is better

内藤誼人（ないとう・よしひと）

心理学者、立正大学客員教授、有限会社アンギルド代表取締役社長。
慶應義塾大学社会学研究科博士課程修了。社会心理学の知見をベースに、ビジネスを中心とした実践的分野への応用に力を注ぐ心理学系アクティビスト。趣味は釣りとガーデニング。
著書に、『世界最先端の研究が教える新事実 心理学BEST100』『世界最先端の研究が教える すごい心理学』『世界最先端の研究が教える もっとすごい心理学』（以上、総合法令出版）など多数。その数は200冊を超える。

99%が知らない「行動」を科学する
「なまけもの」のやる気スイッチ

2023年12月19日　初版発行

著　者　内藤誼人
発行者　野村直克
発行所　総合法令出版株式会社
〒103-0001 東京都中央区日本橋小伝馬町15-18
EDGE小伝馬町ビル9階
電話　03-5623-5121
印刷・製本　中央精版印刷株式会社

落丁・乱丁本はお取替えいたします。

ISBN 978-4-86280-929-2
総合法令出版ホームページ　http://www.horei.com/

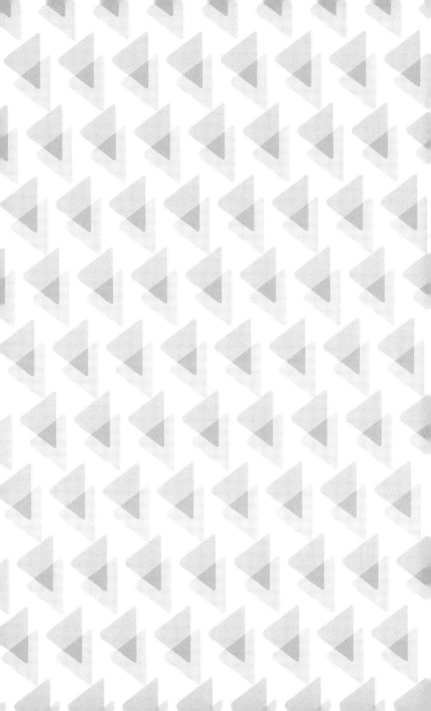

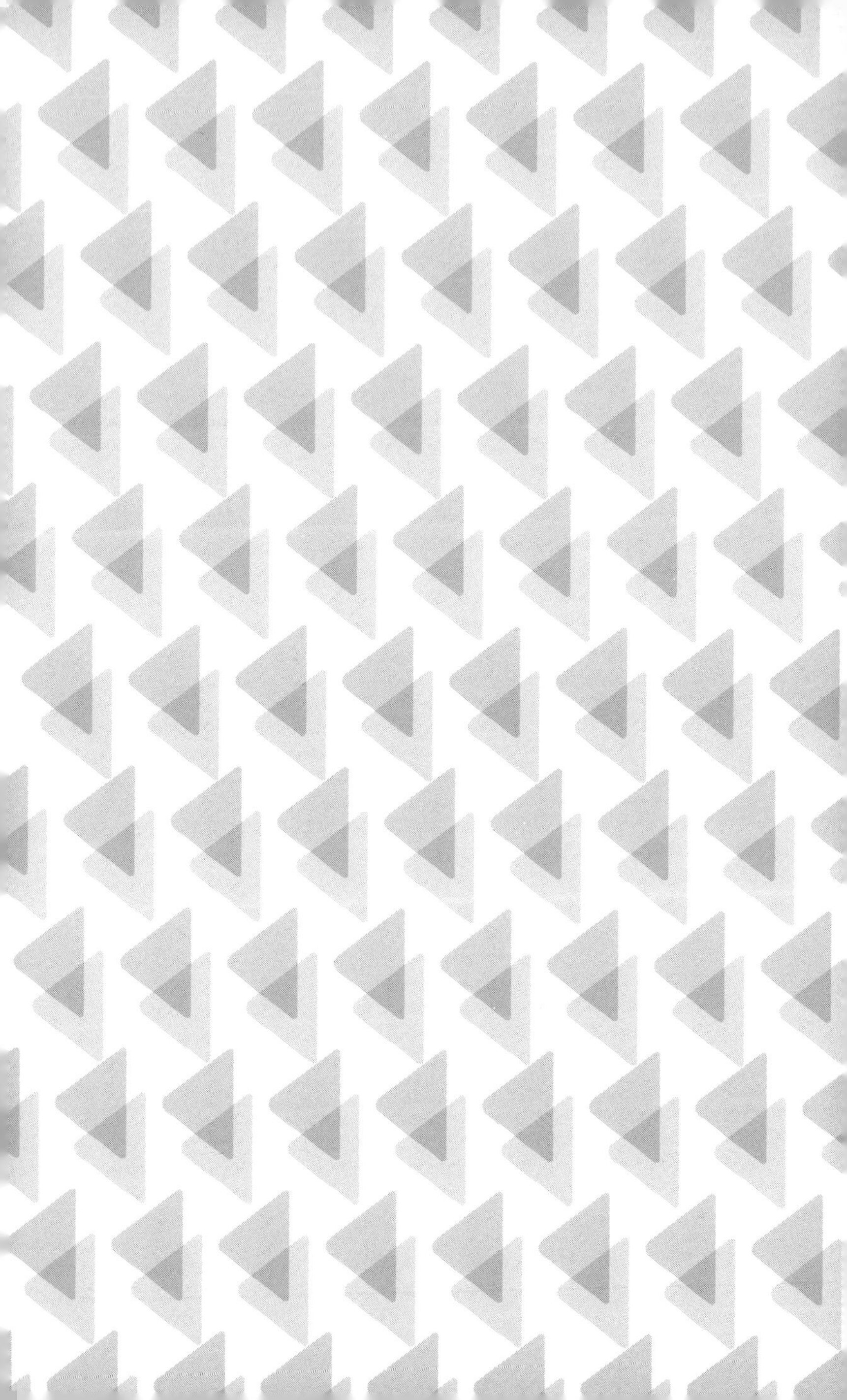